Días
de
PODER
{ Primera Parte }

Para mayor información:
The Kabbalah Centre
155 E. 48th St., New York, NY 10017
1062 S. Robertson Blvd., Los Angeles, CA 90035
1.800.Kabbalah
www.kabbalah.com/espanol

Primera edición en Inglés, septiembre de 2005
Primera edición en español, febrero de 2010
Impreso en Canadá
ISBN 1-57189-667-4

Diseño: HL Design (Hyun Min Lee)
www.hldesignco.com

100%

Fuentes Mixtas
Grupo de producto de bosques bien
manejados, fuentes controladas y
madera o fibra reciclada
www.fsc.org   Cert no. SW-COC-000952
©1996 Forest Stewardship Council
FSC

Días
de
PODER

{ Primera Parte }

www.kabbalah.com/espanol®

R A V P. S. B E R G

Días de Poder es Kabbalah avanzada. Encontrarás en él las palabras y enseñanzas de un auténtico Kabbalista; y a pesar de que su sentido no siempre resulte claro en la primera lectura, el acto de luchar para penetrar en su verdadero significado revelará una gran cantidad de Luz en tu vida.

Agradecimientos

A mi esposa, Karen. En la inmensidad del espacio cósmico y en la infinidad de vidas, es mi dicha ser tu alma gemela y compartir una vida contigo.

Índice

Prólogo

scribo esta introducción a *Días de Poder* cuando faltan pocas semanas para *Rosh Hashaná*. Para mí, éste es un momento increíble, puesto que sé que por primera vez en la historia el significado de *Rosh Hashaná* y de las demás festividades va a ser esencialmente transformado. Y cuando las personas transformen su entendimiento de las festividades, sus vidas también se transformarán.

Es verdaderamente un regalo para la generación actual que el Rav haya revelado estos secretos. Por supuesto, el Rav ha estado revelando la sabiduría de la creación de milagros durante cuatro décadas. En ocasiones —como en el caso de *Días de Poder*— lo que recibimos parece manifestarse en objetos físicos que podemos tocar o sujetar con nuestras manos. Otras veces lo que recibimos son conexiones invisibles con la Luz, que pese a estar fuera del alcance de nuestros sentidos, tienen el poder de eliminar el caos de nuestras vidas. La tarea de un kabbalista es revelar, y en ocasiones su tarea es mantener oculto.

Sin embargo, existe un hecho que no puede ocultarse. Toda la sabiduría que enseñamos en el Centro de Kabbalah proviene del Rav, y sus enseñanzas son inseparables de su propia vida.

Cada día que estamos en presencia del Rav es un día de poder. Con un libro como el que ahora sostienes en tus manos, podemos estar siempre en su presencia.

Yehudá Berg

Introducción

l título de este libro, *Días de Poder*, fue elegido muy cuidadosamente. A lo largo de los años se han escrito incontables volúmenes acerca de las festividades y su significado espiritual, y casi todos ellos, según mi opinión, podrían haber recibido por título "Días de Recuerdos", o quizá "Días de Conmemoración". Sin embargo, la perspectiva kabbalística expresada en *Días de Poder* es algo completamente distinto de aquello a lo que estamos acostumbrados, pues va más allá de las interpretaciones seculares o religiosas convencionales de lo que son realmente las festividades.

Este es un concepto muy importante. En el mundo cotidiano, nuestro concepto de las festividades se basa en recordar, rememorar y rendir homenaje a algún evento del pasado. Las festividades patrióticas, como el 4 de Julio o el Día de los Caídos, conmemoran la firma de la Declaración de la Independencia en 1776 y rinden un homenaje a los hombres y las mujeres que murieron en las guerras de la nación. El enfoque tradicional de las festividades sigue el mismo principio: la Navidad es el nacimiento de Jesucristo, la Pascua es la conmemoración de la huída de los Israelitas de la esclavitud de Egipto y Purim es el aniversario de su salvación de una conspiración de genocidio. Otros días festivos son simplemente un reconocimiento de momentos importantes en el calendario, como la celebración de Año Nuevo en *Rosh Hashaná*.

Sin embargo, la Kabbalah rechaza absoluta y completamente el recuerdo o el reconocimiento como el fundamento de las festividades. En vez de enfocarse en la conmemoración, el kabbalista se enfoca en la *conexión*, es decir, en la oportunidad de conectarse con las energías únicas que existen en esas fechas específicas que llamamos festividades. Teniendo en cuenta esta consideración, el título *Días de Poder* cobra sentido. Las festividades son literalmente fuentes de poder a las que podemos acceder utilizando las enseñanzas y las herramientas de la Kabbalah. Estas herramientas incluyen rezos, ceremonias, la *Biblia*, el *Zóhar*, así como el estudio y el entendimiento constante de lo que Dios tiene pensado realmente para nosotros, que es nada menos que la felicidad absoluta y la liberación completa de cualquier forma de infelicidad, incluida la muerte.

El concepto de las festividades como *Días de Poder* —como puntos de conexión potencial con formas específicas de energía— es la premisa clave de este libro. Además, es necesario aclarar desde el comienzo otros conceptos fundamentales.

Muchos lectores notarán, por ejemplo, que las festividades tratadas en *Días de Poder* son las consideradas normalmente como "festividades judías". Sin embargo, esa frase no aparece nunca en estas páginas. A decir verdad, me he esforzado para dejar claro que estas festividades, como todas las herramientas y enseñanzas de la Kabbalah, pertenecen a toda la humanidad. De la misma forma que nadie diría que la fuerza de gravedad es una fuerza judía, las energías de las festividades tampoco son ni judías ni cristianas ni budistas ni hindúes; son simplemente aspectos básicos de la forma en que funciona el universo, y no se identifican con ninguna nación o religión.

Con el propósito de distinguir al Judaísmo convencional de la Kabbalah del modo más claro y consistente posible, también he utilizado a lo largo de estas páginas términos como "Israelita" o "el pueblo de Israel". Ocasionalmente aparecerá el término "pueblo elegido" en relación con los Israelitas, pero es importante comprender lo que significa con exactitud. No se refiere a una nacionalidad. La Kabbalah enseña que el pueblo de Israel está formado por aquellos seres humanos que recibieron, en el Monte Sinaí, un paquete de energía infinitamente poderoso llamado la *Torá*. Ellos escogieron aceptar el sistema espiritual. Y, como siempre sucede en la Kabbalah, éste no fue un momento de la historia antigua, sino un evento que cada uno de nosotros puede y debería recrear en su propia vida. En tal sentido, todo aquel que acepta las herramientas y enseñanzas de la Kabbalah que Dios ha pensado para nosotros, es un Israelita. Pero eso no es todo: cada Israelita también acepta la responsabilidad de compartir esas herramientas y enseñanzas. Éste es el verdadero significado de "pueblo elegido": no significa que esos individuos *hayan sido* elegidos, sino que ellos *han* elegido.

Tú, sin importar quien seas, puedes hacer esta elección ahora. Independientemente de la religión en la que fuiste educado, del país en el que naciste, o de cualquier otro aspecto de tu persona. Para explicar esto, muchas veces utilizo la metáfora del acto de encender la luz para desaparecer la oscuridad de una sala. Cualquiera puede encender la luz, la electricidad no sabe, ni le importan, los detalles de tu identidad. Tampoco debes comprender la física o la ingeniería eléctrica para activar el interruptor o beneficiarte de esa acción. Un mayor conocimiento puede mejorar tu apreciación de lo que está sucediendo, pero eso lo discutiremos más adelante. El primer paso, y el más importante, es comprender que las oportunidades descritas en este libro no sólo están disponibles para ti, sino están divinamente diseñadas para ti. Lo demás es entre tú y el interruptor de luz metafórico.

Una última aclaración. Como ya he dicho anteriormente, la Kabbalah no es una religión, y para dejar muy claro ese punto he evitado utilizar algunas palabras que pueden tener una asociación religiosa. Sin embargo, la palabra religiosa primordial, "Dios", sí aparece muchas veces en *Días de Poder*. A pesar de que las narraciones bíblicas o los comentarios de la *Biblia* se refieren a Dios en términos humanos, la Kabbalah definitivamente no entiende a Dios como un hombre sentado sobre una nube, ni como una mujer montada en una carroza, ni como cualquiera otra forma antropomórfica. Esto está explicado muy claramente en la *Biblia* original en hebreo, en la cual se utiliza una gran variedad de palabras distintas para designar a "Dios", como por ejemplo: *"Adonai"*, *"Elohim"* y *"Hashem"*. Cada una de estas palabras expresa un aspecto diferente de Dios, una energía distinta. Algunas veces esta energía es de misericordia y perdón, mientras que en otras partes de la *Biblia* es de ira y severidad.

Pero el punto kabbalístico clave es el siguiente: somos *nosotros mismos* quienes determinamos la forma en que la energía fluye hacia nosotros. Para entender este concepto, consideremos el hecho de que la electricidad siempre está presente en el cableado de una casa. Si una persona opta por introducir un dedo en el enchufe de la pared, recibirá una descarga eléctrica cuya causa ha sido su propia acción; pero si esa misma persona conecta una tostadora al enchufe de la pared, obtendrá una tostada. En ambos casos sería ridículo "culpar" o "dar crédito" a la naturaleza de la electricidad por la consecuencia de las acciones. Del mismo modo que la electricidad, la gravedad e incluso la energía nuclear, el poder del Creador es de un potencial infinito e ilimitado. ¿Cómo se manifestará este potencial a sí mismo? Somos nosotros mismos los que tomamos esa decisión en cada momento de nuestras vidas.

Como siempre y para siempre, Dios nos otorga el efecto que necesitamos, basado en la causa que hemos puesto en acción. Si necesitamos la presencia de Dios mediante una forma particular de energía, es la naturaleza de Dios satisfacer esa necesidad. Sin embargo, el propósito primordial siempre sigue siendo el mismo: avanzar hacia la liberación total del caos, el dolor, la enfermedad y la muerte.

Éste es el propósito de las festividades y la intención de este libro. Que *Días de Poder* te ayude a atraer la felicidad y la plenitud que son tu verdadero destino.

La verdad sobre
VIRGO (*ELUL*)

*H*ay una conexión kabbalística muy poderosa que consiste en tan sólo unas pocas palabras: "Guíame por el camino correcto". A lo largo de nuestras vidas, el significado espiritual de los meses y las festividades puede ser una herramienta poderosa para encontrar y seguir ese camino. Tradicionalmente, el mes de *Elul* es tiempo de arrepentimiento (*Teshuvá* en arameo), puesto que a Elul le siguen inmediatamente *Rosh Hashaná* y *Los días de sobrecogimiento* en el mes de *Tishrei*. *Elul* está dedicado a la introspección y al autoescrutinio, que juntos implican explorar detenidamente aquello que ha ocurrido durante los diez meses precedentes. En este momento del año, los Israelitas de todo el mundo se reúnen para asegurar sus destinos en el Día del Juicio.

El Libro de la Formación, escrito por Avraham el Patriarca, es el primer documento kabbalístico. Allí está escrito: "Él designó la letra *Resh*, y le otorgó una corona y la asignó a Mercurio. Él designó la letra *Yud* y le otorgó una corona y a ella le asignó Virgo en el mundo y *Elul* en el año". La frase "le otorgó una corona" indica que estas letras arameas son la semilla de los planetas o signos que han creado. También son las semillas de los canales que conectan los planetas con la *Sefirá* de *Kéter*.

Pero la Kabbalah enseña que el mes de *Elul* y la *Teshuvá* (arrepentimiento) que llevamos a cabo durante ese mes y que culmina en *Rosh Hashaná*, tiene un propósito y un significado todavía mayor. Según el *Zóhar*, *Teshuvá* no es simplemente una práctica a través de la cual los Israelitas piden perdón al Creador. El pueblo bíblico de Israel es el "pueblo escogido" sólo en el sentido de que son los canales para traer las herramientas y las enseñanzas de la Kabbalah al mundo. Durante siglos se ha mantenido la falsa creencia de que durante la Revelación en el Monte Sinaí la *Torá* se entregó sólo a los Israelitas. El *Zóhar* explica que ésta es, en realidad, una idea equivocada. De hecho, los Israelitas se definen como personas que son vasijas conscientes para la Luz. La festividad de *Rosh Hashaná* está pensada para todas las personas del mundo. Ciertamente, toda la sabiduría oculta de la *Torá* y todas las festividades kabbalísticas existen para toda la humanidad.

El arrepentimiento, en un sentido kabbalístico, no está relacionado con pedir perdón. Una comprensión convencional del arrepentimiento sugeriría que nuestro comportamiento injusto es aceptable durante el resto del año, ya que en *Rosh Hashaná* podemos acercarnos a la sinagoga más cercana y pedir el perdón.

De esta forma, se piensa que podemos evadir las consecuencias de cualquier cosa que hayamos hecho en los últimos doce meses. ¿Pero podemos esperar que nuestros pecados sean perdonados simplemente por murmurar plegarias en una festividad específica?

Ésta no es la forma de corregir las injusticias que hemos cometido durante el año que ha transcurrido. Pero entonces, ¿cuál es el "camino correcto" por el que la Kabbalah puede guiarnos? ¿Cuál es el significado de *Teshuvá*?

La respuesta críptica del *Zóhar* es la siguiente: "Cuando la *Hei* retorna a la *Vav*". La interpretación precisa de este pasaje nos informa que todo el daño que podemos haber causado en el transcurso del año ocurre únicamente porque nos hemos desconectado de la Luz del Creador. En Arameo, השובה (*Teshuvá*) es en realidad Tashuv Hei. La letra ה (*Hei*), al ser la última de las cuatro letras que forman el Tetragrámaton, alude al reino de *Maljut*, el cual debe conectar con las tres primeras letras del Tetragrámaton, que representa en conjunto al Árbol de la Vida. A través de esta unión de letras podemos merecer la revelación de la Luz que facilitará la corrección del daño que hemos causado.

Ahora podemos comprender que *Teshuvá* no es solamente un ritual religioso o una recitación tradicional de plegarias, sino un viaje fundamental y de largo alcance hacia la fuente de energía espiritual del mundo en su totalidad. El reconocimiento de esta conexión es en sí misma una gran revelación de Luz; y en la presencia de la Luz, la oscuridad se desvanece.

No necesitamos fuerza ni violencia para destruir el caos, y tampoco lograríamos destruirlo con estos medios. Ni siquiera la derrota del régimen Nazi en la Segunda Guerra Mundial logró eliminar el caos del mundo. Las guerras, las enfermedades, los accidentes y las dificultades siguen estando presentes en la experiencia diaria de toda la humanidad hasta el día de hoy. A lo largo de las generaciones, han tenido lugar muchas guerras y revoluciones con el propósito de liberar a las masas y de ofrecerles el potencial de vivir felizmente. Sin embargo, los problemas que se atribuyen a las dictaduras persisten aun tras la caída del dictador.

En este punto, las enseñanzas del *Zóhar* asombran con su simplicidad: no luches contra la oscuridad, porque tu batalla contra ella no tiene probabilidades de ser exitosa. En su lugar, enciende la Luz y la oscuridad desaparecerá. Dedica tus esfuerzos a revelar y diseminar la Luz a través del trabajo espiritual de *Teshuvá*. Traer la Luz del Creador a nuestras vidas es la única forma de eliminar todos los aspectos de caos.

El canal más poderoso para la Luz es el Tetragramatón, y la *Teshuvá* es el camino para conectarse con este canal. La

LA VERDAD SOBRE VIRGO (ELUL)

letra ו (*Vav*) representa la parte del mundo espiritual que se llama *Zeir Anpín*. La *Hei* final en el Tetragrámaton representa la realidad física con la que están familiarizados nuestras mentes y nuestros cinco sentidos. La conexión rejuvenecedora entre la letra *Hei* y la letra *Vav* aporta una gran revelación de Luz en el plano físico. El *Zóhar* nos alienta a meditar sobre esta conexión.

También podemos renovar nuestra conexión con la Luz convirtiendo nuestra conciencia material; es decir, transformando el Deseo de Recibir Sólo para sí Mismo en la conciencia espiritual de *Zeir Anpín*, que es Recibir con el Propósito de Compartir. Este cambio de conciencia equivale a un viaje más rápido que la velocidad de la Luz: un viaje de "regreso al futuro". De todos modos, para poder comprender esto, primero debemos examinar algunos aspectos del mes de *Elul* y del signo de Virgo.

La cualidad interior del signo de Virgo es la virginidad en el sentido de originalidad e integridad. Una cosa virginal es algo que no ha sufrido ningún cambio ni ha sido influido por fuerzas externas; algo que permanece completamente intacto. Avraham el Patriarca eligió emplear esta palabra para el signo que dirige la Luz a todo el universo. Él lo hizo para aludir a la cualidad interna de ese signo, ayudándonos así a conectarnos con su Luz y a revelarla en el mundo.

Una visión superficial del mundo tiende a llevarnos a la conclusión errónea de que el Creador tuvo la intención de que el mundo fuera caótico. Sin embargo, el *Zóhar* nos enseña que el único propósito de la Creación era resolver el problema del caos; y el signo de Virgo es una de las soluciones. El Creador diseñó la energía de Virgo para que fuera un canal activo de revelación de la Luz durante el mes anterior a *Rosh Hashaná*. Después de todo, es una forma de prepararnos para el Día del Juicio, pero no simplemente para evocar remordimiento dentro de nosotros por todas las malas acciones del año trascurrido. Obviamente no es suficiente decir: "Perdón, pido disculpas por lo que he hecho". En su lugar, debemos aceptar toda la responsabilidad por nuestras acciones. Ninguno de nosotros tiene el derecho de lastimar a nadie, y ciertamente no porque demos por sentado que una breve visita a la sinagoga en *Rosh Hashaná* se encargará de borrar todas nuestras acciones pasadas. Todos hemos venido a este mundo para corregir nuestras vidas pasadas, y sólo logrando juntos este objetivo podremos completar nuestra corrección global.

En una encarnación previa, cada uno de nosotros no aprovechó por completo la oportunidad que se nos ofreció para atraer Luz hacia nosotros mismos. Esta vez, hemos venido juntos de nuevo para corregir aquella oportunidad que perdimos. Podemos lograrlo convirtiendo nuestro Deseo de Recibir para Nosotros Mismos en un Deseo de Recibir con el Propósito de Compartir con los demás, basado en un interés y una preocupación genuinos por nuestro prójimo. No hay duda de que para obtener el control sobre nuestro destino todos debemos efectuar esta transformación de nuestra conciencia.

Pero una vez que comprendemos y aceptamos esta idea, ¿qué debemos hacer? *El Zóhar* nos dice que cuando Avraham el Patriarca nos entregó el calendario cósmico, nos informó que el mes de *Elul* está controlado por el signo de Virgo. En términos prácticos, esto significa que el mes de *Elul* nos proporciona la oportunidad de obtener control sobre nuestras vidas y moldear nuestros destinos. Durante este mes, bajo la influencia de Virgo, podemos literalmente regresar en el tiempo a aquellos momentos en los que erramos y, como consecuencia, podemos borrar todos esos momentos junto con el caos que éstos pueden ocasionar en nuestras vidas.

Por lo tanto, durante *Elul* podemos limpiar nuestros comportamientos y devolverlos a su estado virginal. Al mismo tiempo, las circunstancias que dieron lugar a nuestros errores pasados son devueltas también a su estado virginal. De esta forma, tanto el caos como el escenario en el cual este caos se ocasionó, son limpiados de todo tipo de negatividad. Éste es el significado completo de "Regreso al futuro", una película que, aunque categorizada como ciencia-ficción, nos muestra un aspecto práctico de nuestra existencia si la miramos desde una perspectiva kabbalística.

El universo no sólo fue creado con la capacidad de avanzar y retroceder en el tiempo, sino que es una *Mitzvá* iniciar este viaje como parte de nuestra conexión espiritual al mes de *Elul* y el acto de *Teshuvá*. Aunque los físicos han considerado seriamente el viaje en el tiempo durante los últimos 100 años, la Kabbalah ha estado familiarizada con este concepto durante más de 40 siglos. Recientemente, los físicos han especulado que bajo ciertas condiciones las partículas elementales podrían viajar más rápido que la velocidad de la Luz. La sabiduría de la Kabbalah explica que las claves de este proceso han estado ocultas durante 2.000 años y que sólo ahora se están revelando frente a nosotros. Sin embargo, para que verdaderamente podamos hacer uso de esta sabiduría, necesitamos un entendimiento técnico de la *Teshuvá*.

En pocas palabras, debemos comprender el proceso del viaje en el tiempo, así como los medios a través de los cuales podemos hacer realidad este viaje. En Shabat, por ejemplo, podemos acceder a la máquina del tiempo llamada *"Brij Shemei"*. A través de este fragmento especial del *Zóhar*, podemos volver al Monte Sinaí en un instante y a una velocidad más rápida que la de la Luz. Por supuesto, los estudiantes de Kabbalah ya están familiarizados con esta idea; cada Shabat hacemos el mismo viaje. Sin embargo, con el propósito de deshacer nuestras acciones negativas del pasado, en el mes de *Elul* podemos realizar viajes similares mediante el poder del signo de Virgo. Ésta es la única forma que tenemos de eliminar la influencia de dichas acciones sobre nuestra conducta a fin de prepararnos para *Rosh Hashaná*. Y es crucial que lo hagamos, puesto que nadie en el mundo puede librarse de rendir cuentas de sus acciones en este Día del Juicio.

Sin embargo, aun cuando debamos rendir cuentas de todas nuestras acciones pasadas en *Rosh Hashaná*, se nos ha entregado un don por medios especiales —descrito por Avraham el Patriarca y explicado por Rav Shimón Bar Yojái— que puede permitirnos corregir nuestros errores por avanzado. Este es la *Teshuvá*, la cual no se trata de un gesto requerido por nuestra parte, sino más bien de un regalo: una oportunidad única de corregir el proceso histórico y de eliminar cualquier aspecto del caos de los anales del universo, así como también de nuestras propias vidas.

Nuestro destino está determinado por la negatividad que causamos al universo en el mismo momento en que cometemos una injusticia. Cuando eliminamos esta negatividad a través de la *Teshuvá*, aquel día en el pasado en el cual creamos la negatividad se convierte en el punto de inflexión que transfiere energía positiva a nuestras vidas. Literalmente, tenemos el poder de volver atrás en el tiempo y transformar los eventos negativos en eventos positivos, de cambiar la historia a través de la influencia del pensamiento, de eliminar el sufrimiento de nuestras vidas y equilibrar las cuentas que siguen abiertas entre nosotros y los demás. El Creador no nos ha abandonado; Él nos ha entregado un sistema completo con el que podemos controlar nuestros destinos. Y cuanto más comprendamos este sistema, mejor funcionará para nosotros.

En algún momento, la humanidad reconocerá esta sabiduría, aunque ciertamente nos habría beneficiado mucho que esto hubiera sucedido hace 2.000 años. En cambio, este conocimiento permaneció oculto hasta hace menos de un siglo, cuando Rav Áshlag nos reveló la sabiduría kabbalística oculta en el *Zóhar* y el *Kitvei HaArí* (las Escrituras del Arí). Ahora, sin embargo, el camino está abierto para que toda la humanidad regrese y controle el universo con paz y armonía.

Con todo esto en mente, regresemos a la conexión entre las letras *Hei* y *Vav*, ya que, tal como explica el *Zóhar*, al hacerlo encontraremos conexiones adicionales que previamente se han omitido. Para dar sólo un ejemplo, la perspectiva de la inmortalidad se está discutiendo en la actualidad como una realidad posible —no sólo un sueño—, tanto en periódicos científicos del mundo como en los medios de comunicación globales. Es en gran parte la ingeniería genética la que ha concedido crédito al concepto de inmortalidad; sin embargo, nadie se pregunta por qué este cambio repentino de conciencia está sucediendo ahora. ¿Por qué no sucedió hace 20 años? La verdad es que estos desarrollos están claramente relacionados con la amplia difusión de las enseñanzas kabbalísticas y con el crecimiento generalizado del estudio de la Kabbalah.

Cuando Rav Shimón dijo: "Retornaron la Hei a la *Vav*", quería decir lo siguiente: "Hemos renovado la conexión entre el efecto y la causa, entre *Maljut* y *Zeir Anpín*. Hemos regresado al estado virginal, al comienzo, revelando de esta forma nuestro verdadero potencial". Mientras no revelamos Luz, las *klipot* nos mantienen aferrados. Sin embargo, la *Teshuvá* es el medio más poderoso para limpiarnos de la energía negativa, y esta limpieza nos conduce a la Fuente de la Juventud y la inmortalidad.

En el mes de *Elul*, todo el universo está infundido al máximo por la conciencia de Virgo. El poder de esta conciencia nos permite volver atrás en el tiempo hasta el estado embrionario, hasta la raíz; hasta el tiempo en que disfrutábamos de una protección mucho mayor contra la negatividad. La protección de un embrión en el útero es mucho mayor que cualquier otra protección en el mundo físico.

El Rabad (Rav Avraham Ben David de Posquieres) se refirió a *Elul* como *"Et Ratsón"*, o "un tiempo de buena voluntad". *Et Ratsón* es el tiempo en que las *Puertas del Cielo* están abiertas y el Creador nos recibe feliz y amorosamente a todos nosotros y a nuestras peticiones espirituales. Pero, ¿significa esto que durante los demás meses del año el Creador nos da la espalda? Por supuesto que no. La Kabbalah enseña que el Creador está con nosotros todos los días del año, y que en cada mes se revela un aspecto diferente de Su beneficencia, los cuales influencian nuestras vidas sólo con bondad. Ahora, si esto es cierto, ¿cuál es la utilidad de *"Et Ratsón"* en relación con el mes de *Elul*?

En el *Sidur* del Centro de Kabbalah o Libro de Rezos, vemos que la palabra *Ratsón* tiene el mismo valor numérico, más uno, que el שהמ (*Mem-Hei-Shin*), la secuencia de tres letras para la curación, de los 72 Nombres de Dios. La conexión con este Nombre abre una ventana de entendimiento con respecto al mes de *Elul*. En pocas palabras, este mes nos brinda la posibilidad de curar tanto nuestro ser físico como nuestro ser espiritual —también de curar a otros y al universo entero de todas las enfermedades que lo plagan— a través de ese aspecto especial de la Luz que se revela únicamente en *Shabat* durante el balance del año. La curación kabbalística difiere de otros métodos de curación, puesto que el proceso kabbalístico implica volver a la raíz, como una especie de renacimiento. Todos los médicos saben que el cáncer no comienza el día en que se diagnostica, sino años antes de que se declare manifiesto en un examen médico. Para eliminar la enfermedad, de un modo parecido, la ley de causa y efecto requiere que regresemos al día en que nos causamos el daño a nosotros mismos o a los demás.

Ahora podemos comprender cómo el concepto del viaje en el tiempo nos permite alcanzar un futuro mejor. Esta realización depende de la eliminación de la negatividad que hemos revelado durante nuestras vidas y que ha causado dolor, tanto a nosotros mismos como a los demás. Cuando utilizamos el *Mem-Hei-Shin*, estamos reenfocando la Luz del Creador, y es a través de esta Luz que podemos salir de la mórbida oscuridad. Éste es un concepto verdaderamente asombroso, sin embargo, todavía queda mucho por comprender.

En *Rosh Hashaná* nos conectamos con cada aspecto de las cualidades internas del mes de Elul. Para conseguir esto, festejamos y partimos el pan con la bendición de "*Hamotsi*" como grupo. Así, unificamos nuestros esfuerzos y aumentamos las probabilidades de que el Año Nuevo se convierta en el mejor hasta el momento. Esta actividad también asegura la erradicación de todos los aspectos del caos que pueden atormentarnos durante los meses siguientes. El único requisito previo para que este esfuerzo tenga éxito radica en nuestro conocimiento y en nuestra certeza de que en realidad es posible. Si perdemos la esperanza y permitimos que la duda nos desaliente, no podremos lograr *Teshuvá* ni utilizar el poder de *Elul* ni eliminar el caos que nos rodea. La mente sobre la materia es la única regla aplicable.

Llegaremos a *Rosh Hashaná* sabiendo que el Año Nuevo estará repleto de la beneficencia de la Luz. Sin embargo, sólo lo lograremos si tenemos certeza en ello. Éste es el aspecto de la responsabilidad personal que nos enseña la Kabbalah: cada uno de nosotros es personalmente responsable de su propio éxito o fracaso a la hora de revelar la Luz en su propia vida. Dicho de otro modo, por más diversas y numerosas que sean las metodologías espirituales que encontremos, no hay viaje gratis. Debemos aceptar la responsabilidad desde el principio. Debemos asumir la responsabilidad por nuestras acciones negativas y comprometernos a no repetirlas de nuevo. Luego, con el poder de nuestra conciencia, durante este mes debemos avanzar y eliminar cada partícula de caos de nuestras vidas.

EL ANIVERSARIO DE LA MUERTE DE

Rav Elazar

¿Qué significa compartir? Se considera una persona que comparte aquella que no está ocupada consigo misma, sino que se ocupa de los demás. Rav Shimón y su hijo, Rav Elazar, sabían que tenían la responsabilidad de compartir con el mundo entero y no pensar en sí mismos. Sin embargo, no eran simplemente "buenas personas". Las "buenas personas" que comparten con otros no son personas que comparten de verdad, ya que la forma reactiva de compartir que practican es su inclinación natural. En cambio, aquellas personas que son justas se elevan por encima de sus propias inclinaciones naturales.

Para comprender mejor esta diferencia consideremos lo que sucedió cuando Rav Shimón abandonó el mundo. Rav Elazar, su hijo, sintió un dolor distinto del que habitualmente experimentan aquellos que han perdido al padre o a la madre. El dolor que la mayoría de la gente siente en esta situación proviene del sentimiento de pérdida conectado con el Deseo de Recibir Sólo para sí Mismo. Una persona que siente este tipo de dolor no tiene una verdadera conciencia de compartir. Cuando uno de los cónyuges muere y aquel que sobrevive siente pena, ésta no es una expresión de ser verdaderas almas gemelas, sino una preocupación por sí mismo.

Cuando Rav Elazar se sentó con su padre en una cueva durante 13 años, sabía que era un mérito enorme tener la obligación de aceptar esta tarea para toda la humanidad pasada, presente y futura. Nadie estaba fuera de la intención de compartir de Rav Elazar.

Todo aquel que comparte verdaderamente, afecta al mundo entero.

Debemos saber que en el momento en que dejamos de pensar en nosotros mismos, nos hacemos merecedores de la Luz. Todos vinimos a este mundo con vasijas vacías; incluso un rey viene a este mundo con las manos vacías. Cuando el alma parte de este mundo, se eleva hacia el Mundo de la Verdad con un saco lleno de buenas acciones en sus manos. Y la única forma de elevarse al Mundo de la Verdad como personas consideradas con un saco lleno de buenas acciones es saliéndonos de nosotros y compartiendo colectivamente con una preocupación auténtica por los demás. Sin embargo, estamos tan ocupados en nosotros mismos que nos olvidamos de lo insignificantes que son las necesidades de nuestro ego.

Cuando Rav Shimón y Rav Elazar salieron de la cueva después de 13 años, sus cuerpos estaban cubiertos de llagas. Esto nos enseña que para progresar y lograr algo en nuestras vidas primero debemos estar dispuestos a entregarnos y experimentar privaciones. Un día Rav Elazar fue hasta los Mundos Superiores, donde se encontró con el Ángel Mijael, y le preguntó: "¿Cómo cantan los arcángeles?"; Mijael le respondió: "Según el *Álef-Bet*". A partir de entonces, todas las canciones que Rav Elazar escribió siguieron el orden del alfabeto arameo. El mundo también se creó mediante el *Álef-Bet*, y el aniversario de la muerte de Rav Elazar tiene lugar el mismo día que la Creación del mundo.

En la *Guemará* (extenso comentario en arameo compuesto por los mismos sabios citados en el *Zóhar*) se lee: "El hombre será visto para siempre como dos partes: una parte obligada, la otra merecida". Mitad bueno mitad malo, así es como está construido el mundo entero. Por consiguiente, una única *Mitzvá* requiere que todo el mundo incline la balanza hacia el lado positivo. Una sola transgresión inclina la balanza hacia el lado negativo; esto no es ninguna exageración ni tampoco una broma, sino la verdad de las verdades.

No somos conscientes de la gran importancia que tienen nuestras acciones, y por ello malgastamos el mérito y la responsabilidad que se coloca en nuestras manos mientras vivimos en este mundo. El Maguid de Mezrij dijo: "La cantidad de Luz que una persona revela es la que manifiesta el poder de su alma". Nuestros sabios reconocieron el peso de una acción solitaria. Especialmente durante el mes de *Elul*, estamos cargados para realizar cualquier acción positiva posible, y es muy importante que cada acción se realice a partir de una conciencia de compartir, una preocupación y una responsabilidad por el destino del mundo entero. Si merecemos este entendimiento y lo recordamos a lo largo del año, éste cambiará para mejor.

¿ *Qué es* ROSH HASHANÁ?

osh Hashaná es uno de los días más complejos y con mayor potencial de transformación del año. Lamentablemente, pocas personas comprenden su verdadero significado. En la porción de *Pinjás* —una sección de la *Torá* que esboza todas las ventanas cósmicas del año— se establece que *Rosh Hashaná* tiene lugar en el séptimo mes, no en el primero. Esto es algo inesperado, puesto que *Rosh Hashaná* es la celebración del Año Nuevo y literalmente significa "La Cabeza del Año". Sin embargo, en Éxodo 12 se designa a *Nisán* como el primer mes del año. ¿Cómo se puede resolver esta aparente contradicción?

Se dice que en *Rosh Hashaná* se nos juzga con base en nuestras acciones del año que ha terminado. Si somos juzgados favorablemente —como individuos que tienen derecho a una oportunidad más— continuaremos viviendo durante otros 12 meses. Para muchos, sin embargo, vivir un año más no significa otra cosa que la perpetuación del sufrimiento, el dolor y la desilusión. Para la mayoría de nosotros, aunque el año pueda estar sazonado con algo de placer y felicidad, la perspectiva de que todos los 365 días del año estén llenos de satisfacción nos parece, en el mejor de los casos, una posibilidad remota.

La comprensión convencional de *Rosh Hashaná* es errónea y no capta la verdadera esencia de la festividad. La verdad es que, para la mayoría de la gente, el único significado de celebrar ocasiones como *Rosh Hashaná* o *Pésaj* son las reuniones familiares y las cenas festivas con las que suelen estar asociadas. Sin embargo, la importancia de *Rosh Hashaná* es mucho mayor que la de un evento familiar. Ciertamente, sería mejor que en este día las familias se dispersaran, puesto que en *Rosh Hashaná* el Satán tiene el permiso para clasificar libremente a todo aquel individuo que encuentre; de esta forma, si una familia está reunida, el Satán se ahorra la tarea de buscar a cada uno de sus miembros individualmente.

Sé que esta perspectiva se contradice con la tradición aceptada, pero la Kabbalah no es una tradición. Rav Shimón Bar Yojái, el autor del *Zóhar*, propone que abandonemos la tradición, ya que sugiere una falsa interpretación de la *Torá*. Y aunque muchas personas se han opuesto al punto de vista de los kabbalistas contemporáneos, pocas son las que hoy en día se opondrían a la opinión de Rav Shimón, cuya persona se ha preservado durante 2.000 años a través del *Zóhar*. Por lo tanto, *Rosh Hashaná* debería comprenderse en su esencia de una forma completamente distinta a la de una tradición o reunión familiar. Por el contrario, *Rosh Hashaná* es un asunto muy serio.

La Kabbalah nos enseña que todos somos juzgados una vez al año, cuando nos presentamos ante el tribunal cósmico de justicia. En este día, se produce y se graba el video de cada persona para los siguientes 365 días. Según la Kabbalah, todas nuestras acciones se preparan y se nos dictan por adelantado, a pesar de nuestro deseo de vernos como seres humanos pensantes e independientes. Por supuesto, esta programación puede ser alterada, pero muy pocas personas intentan cambiar sus formas y sus hábitos; y entre aquellas que lo intentan, sólo un puñado logra vencer su naturaleza y tener éxito. Lograr el cambio verdadero no sólo requiere fuerza de voluntad, propósito y perseverancia, sino también el conocimiento de cómo debe llevarse a cabo este cambio. Por lo tanto, comenzaremos por suministrar el conocimiento de lo que es la esencia de *Rosh Hashaná*.

Para comprender cabalmente este tema, debemos primero aumentar el nivel de nuestra conciencia. En relación con los asuntos espirituales, podría decirse que la única forma de expandir nuestra conciencia es aprender y practicar la Kabbalah, y leer el *Zóhar* y las escrituras del *Arí*. Aquellos que han alcanzado un alto nivel de conciencia no sólo ven las cosas tal como aparecen en la superficie, sino que son capaces de ver las causas ocultas y los factores motivadores que nuestros cinco sentidos no pueden revelarnos por sí solos.

Entonces ¿cuál es el propósito de *Rosh Hashaná*? Como ya hemos dicho, es el día en que todos los seres humanos en el mundo son juzgados. La Kabbalah explica que en la Revelación del Monte Sinaí recibimos el mensaje de que Rosh Hashaná no es un día festivo, sino un día de enjuiciamiento. La *Torá*, sin embargo, no se conforma con la mera observación de este inquietante hecho. En su lugar, provee también la forma de inclinar la balanza a nuestro favor. Por lo tanto, *Rosh Hashaná* se transforma en un día de lucha.

Si durante todo el año nuestras acciones fueron positivas, en *Rosh Hashaná* se nos garantizará una vida pacífica y ordenada para el año siguiente. Pero si hemos cometido alguna acción dañina, aunque sea de forma inadvertida, es posible que —Dios no lo quiera— seamos sentenciados a morir durante el transcurso del nuevo año. También es posible que el veredicto que recibamos no sea tan severo, sino que durante el año tendrán lugar eventos que interrumpirán nuestra rutina diaria y nos brindarán la oportunidad de compensar y pagar nuestra negatividad del año anterior.

Así, cuando la Torá puntualiza las acciones específicas que deben realizarse en *Rosh Hashaná*, no lo hace para crear una religión. Estas acciones proporcionan las herramientas a través de las cuales cada individuo puede descartar de su vida todas las molestias y cualquier energía de la muerte, produciendo así un cambio positivo para el "guión" del año siguiente. Sin estas herramientas, estaríamos sujetos a un veredicto directamente correlacionado con nuestras acciones. Al implementar estas herramientas, tenemos la posibilidad de impedir la ejecución de nuestro veredicto, o incluso de alterarlo fundamentalmente en nuestro beneficio.

No obstante, antes de continuar con este tema debemos tener claro que la base de *Rosh Hashaná* es la *Torá* —específicamente la porción de *Pinjás*—, y también debemos entender que la *Torá* es en realidad un código cósmico. Está claro que no hay que tomar las palabras de la *Torá* literalmente; según dice Rav Simón en la sección de *Behaaloteja*, sólo un necio lo haría. Porque si las historias de la *Torá* fueran lo único que se entregó en el Monte Sinaí, sería posible crear una Torá aun más divertida e interesante. Por lo tanto, date por advertido que el significado de *Rosh Hashaná*, así como el de otras festividades, no debe tomarse literalmente. Tampoco debemos interpretar literalmente todo lo que está escrito acerca de éstas en la *Torá*. Hay que comprender que la *Torá* actúa simplemente como una vestimenta que cubre el valioso código cósmico oculto en su interior. Basado en la Revelación de la *Torá* en el Monte Sinaí, es el *Zóhar* el que suministra los medios para comprender este código cósmico.

Ahora debemos prepararnos para una perspectiva transformada acerca del significado de *Rosh Hashaná*. Según el *Talmud*, todas las naciones del mundo —no sólo los Israelitas— son juzgadas en este día, también conocido como Día del Juicio. Pero ¿por qué se ha escogido específicamente este día? No sólo porque está escrito. El efecto no crea la causa; puede clarificarla, pero nunca determinarla. Por lo tanto, si estamos hablando de fechas y tiempos, no podemos comprender la causa sin antes considerar los aspectos astrológicos de los tiempos de la *Torá*.

El propósito de los tiempos de la Torá es brindar al género humano un cierto entendimiento acerca de la actividad cósmica. Nuestro propósito al estudiar esto no es examinar la física del espacio como hacen los programas de investigación espacial, sino descubrir la inteligencia interior de estos cuerpos celestiales. En esto consiste, en esencia, la astrología kabbalística. Sin una comprensión de la tecnología kabbalística no podemos siquiera comenzar a comprender el sentido de *Rosh Hashaná*. Aun con toda la sabiduría contenida en el *Talmud*, sólo estaríamos tratando con un modelo religioso superficial si no fuera por la astrología kabbalística. Dentro de la *Torá* hay un código cuya solución ha estado oculta durante 2.000 años.

¿Por qué *Rosh Hashaná* ocurre en un día en concreto? La sección *Pinjás* del *Zóhar* se refiere a un versículo de la *Torá* (Números, 29:1): "Y en el séptimo mes, en el primer día del mes". Esto se refiere a *Tishrei*, el signo de Libra. Este versículo nos lleva a concluir que el primer mes es *Nisán*, el signo de Aries, tal como se establece en el Libro del Éxodo: "Este mes (*Nisán*) será el comienzo de los meses".

Sin embargo, según el calendario gregoriano, el primer mes del año es enero. ¿Por qué no celebramos el Año Nuevo en el primer día de *Tishrei*? De hecho, *Rosh Hashaná* no es una festividad en ningún sentido. Existen solamente tres festividades básicas, y Rosh Hashaná no se encuentra entre ellas. El día 1 de enero, el mundo celebra el comienzo de un año nuevo; sin embargo, el primer día de *Tishrei* pertenece a una categoría completamente distinta. En este día, en vez de celebrar, vamos a la sinagoga y rezamos ya que, de hecho, éste no es el comienzo del año. De todos modos, nos saludamos diciendo "*Shaná Tová*" o "Feliz año nuevo".

Esto plantea algunas preguntas desconcertantes. Incluso el Arí se pregunta: "¿Cuándo se creó el universo: en *Tishrei* o en *Nisán*, en *Rosh Hashaná* o justo antes de *Pésaj*?". El *Talmud* también dedica buena parte del texto a este tema.

En comparación, consideremos otra pregunta significativa: ¿Por qué debería la Tierra de Israel pertenecer a los Israelitas? Según Rav Isaac Luria, Israel pertenece a los Israelitas porque el Creador se los prometió. Tanto el Rey de Persia como el Rey de Babilonia, el Rey de Grecia y el Emperador Romano —cada uno de los cuales gobernó al mundo en algún momento de la historia— intentaron conquistar Israel, especialmente Jerusalén. Pero, ¿por qué? ¿Qué hay en esta pequeña región de tierra que pueda ser tan relevante? La Kabbalah, por supuesto, tiene la respuesta: Israel es el centro de energía de todo el mundo.

Para que el mundo se mantenga en equilibrio, debe existir un grupo que posea el conocimiento para mantener la estructura y el orden del universo, y este grupo es el Pueblo de Israel. Los Israelitas controlan y mantienen una estructura de continuidad, certeza y paz sobre la Tierra, previniendo el caos, la destrucción y la ruina. Sin embargo, a pesar de todo el conocimiento que ha estado en su poder, los Israelitas no han podido realizarlo en su totalidad. Del mismo modo, uno puede comprender teóricamente la forma en que se fabrica un automóvil, pero no puede beneficiarse de ello sin las máquinas que realizan el trabajo, las fábricas que albergan las máquinas y los operarios que las manejan.

Consideremos lo siguiente: nosotros no sabemos cuál es el aspecto del Creador, ni de qué está hecho, ni nada que sea tangible acerca de Él. Todo lo que sabemos es que el poder de Dios existe, que se expresa a través de una fuerza llamada Luz y que esta Luz es la energía que gobierna el mundo. Cuando Rav Isaac Luria trata el tema de la entrega de Israel a los Israelitas, dice que el conocimiento que algún día recibirán los Israelitas deberá tener lugar en la Tierra de Israel. Desde este lugar —desde Israel— el pueblo de Israel obtendrá el poder para gobernar el mundo. Cuando otras naciones reclamen que les hemos quitado Israel, la respuesta indicada será que los no Israelitas nunca han tenido estos conocimientos. Aun cuando hayan conquistado Israel físicamente, sólo habrán obtenido el control físico sobre un pedazo de tierra que en sí mismo no es más importante que Madagascar.

Cuando se realizó el trabajo espiritual adecuado en la Tierra de Israel, tal como ocurrió durante la época del Rey Salomón, hubo paz en todo el mundo, ya que el Rey Salomón utilizaba el mismo código que nosotros utilizamos para bendecir a la Luna Nueva. Pero cuando los Israelitas perdieron el conocimiento que poseían o eligieron no implementarlo, también perdieron el derecho de permanecer en Israel y se dispersaron por todos los confines de la tierra. El Creador prometió Israel a los Israelitas con la condición de que sirvieran —con ayuda del conocimiento que se les otorgaba— como canales para revelar la Luz en el mundo de forma equilibrada y armoniosa, tal como está especificado en la primera *Mitzvá* mencionada en la *Torá* (*Kidush HaLevaná*, la Santificación de la Luna Nueva).

Sin este trabajo espiritual, no hay diferencia alguna si los Israelitas se encuentran en Israel o en cualquier otro lugar. En el Génesis está escrito que Israel es el lugar desde el cual se mantendrá la paz en el mundo, tal como sucedió en los días del Rey Salomón. Pero si los Israelitas no comprenden cuál es su verdadero propósito en Israel, no tienen derecho a esa tierra. No hemos recibido la tierra de Israel porque somos Israelitas, sino porque hemos recibido el conocimiento y las herramientas espirituales necesarias para la realización del potencial de Israel.

Una vez comprendido esto, podemos investigar lo que realmente sucedió cuando se creó el mundo. ¿Cuál es el significado de que el mundo fuera creado en *Nisán*, en oposición a que fuera creado en *Tishrei*? La tierra, y con ella Israel como el centro de energía del mundo, se creó en el tercer día de la Creación. ¿Pero qué es la creación? Éste es precisamente el punto de la discusión. Desde una perspectiva limitada, la Creación puede describir el establecimiento de un negocio. Sólo cuando el negocio se ha establecido pueden crearse las ganancias. ¿Pero es éste siempre el caso? La respuesta es no. La mera existencia de un plan no implica su realización. Existen influencias cósmicas que también entran en juego, tal como se explica en el libro *Star Connection* (La Conexión Astral).

Cuando Rav Joshua dijo que el mundo se creó en el mes de *Nisán*, quiso decir que a pesar de que el mundo ya estaba en su lugar en el mes de *Tishrei* —la tierra se creó en *Tishrei* y el centro de energía estaba preparado en *Tishrei*— sólo en el mes de *Nisán* llegó a activarse, y fue en ese momento cuando se realizó su potencial latente previo. Fue en el mes de *Nisán* cuando se utilizó el centro de energía por primera vez, y cuando el mundo recibió entendimiento y conciencia.

Rav Joshua planteó la cuestión de cuándo se creó el mundo, pero su verdadera intención era formular otras preguntas: "¿Cuándo comenzó el mundo a ser creativo? ¿Cuándo comenzamos a tomar el control sobre nuestros destinos y dejamos de ser robots?". En Génesis 2:20, está escrito que tras la creación del primer hombre "...el hombre dio nombres a todo el ganado y a las aves". El *Zóhar* dice que el hombre no sólo dio nombres a todas las criaturas, sino que cuando otorgó esos nombres, las criaturas cobraron vida por primera vez. Fue en ese momento cuando comenzó a crecer el césped, y los animales comenzaron a moverse.

En vista de todo esto, ¿cuándo se creó realmente el mundo? ¿Fue cuando todo ya estaba listo pero congelado o cuando todo cobró vida? Este concepto puede compararse con un hombre que construye una planta de fabricación de calzado. La línea de producción ya está preparada y todas las máquinas y la materia prima están dispuestas, pero la planta no produce nada. Esto se debe a que el potencial existe, pero aún no ha sido manifestado. Si continuamos con este ejemplo, podemos concluir que lo que Rav Joshua intentaba decir era que en el mes de *Nisán* la planta comenzó a fabricar calzado. En otras palabras, hasta el mes de *Nisán* el mundo tenía una conciencia robótica; nuestras vidas no eran más que la reproducción de casetes pregrabados, vacíos de conciencia. El Éxodo no fue sólo una salida de esta falta de conciencia, sino también la transición de un estado de esclavitud a un nuevo estado de conciencia: un estado de libertad, de verdadero Libre Albedrío, un ascenso por encima de la influencia de los planetas hacia el control sobre el destino. Por lo tanto, no existe conexión entre el Éxodo tal como lo comprenden los kabbalistas y el evento histórico del Éxodo tal como lo celebran los Israelitas, generación tras generación. Cuando los norteamericanos celebran el Día de la Independencia, están celebrando una tradición. Cuando nosotros celebramos *Pésaj*, estamos celebrando el inicio de la creatividad en el mundo. Sin embargo, para aquellos que no se han conectado con los instrumentos de control del destino, Pésaj, el día anterior y el día posterior son días indistinguibles.

Preparación para Rosh Hashaná

El *Shofar* (o cuerno de carnero), nuestra herramienta principal en *Rosh Hashaná*, no es solamente una "tradición". Antes de tocarlo, decimos: "felices los que conocen la *Teruá*", porque el conocimiento equivale a la conexión. Sin el conocimiento —sin la conexión con lo cuántico— es como si no hubiéramos cambiado durante los últimos 2.000 años. *Rosh Hashaná* es el día en el que podemos regresar al futuro, o volver al primer día de la existencia de Adán antes del Pecado; pero esta vez sin repetir su error histórico.

Como hemos dicho anteriormente, el significado de *Teshuvá* es mucho más profundo que simplemente decir "lo siento". *Teshuvá* —el arrepentimiento verdadero— significa volver al punto previo al momento en el que cometimos una transgresión y, una vez allí, dar marcha atrás a la escena como si esa infracción nunca hubiera sucedido. En otras palabras, significa que debemos retroceder en el tiempo.

Teshuvá significa un verdadero retorno en el tiempo y una rectificación de la esencia de aquello que está distorsionado. Aun cuando un hombre ha cometido un asesinato puede volver en el tiempo, elegir no matar y revivir a su víctima. Cualquier manifestación de negatividad en el área de la conciencia del Árbol del Conocimiento del Bien y del Mal —incluyendo manifestaciones de violencia como el asesinato o el robo— puede cancelarse transfiriendo la conciencia desde el nivel físico al nivel espiritual más alto: al Mundo de la Verdad, al Árbol de la Vida, a un mundo de certeza, orden, armonía y positivismo absoluto.

Puesto que el asesinato es parte de la existencia del universo físico, también está incluido en los asuntos que pueden controlarse. El homicidio es una acción meramente física, puesto que el alma no muere como resultado de éste, sino que simplemente se separa de un cuerpo. Por lo tanto, si una persona empleara las herramientas descritas por el Arí en su libro *Las Puertas de la Meditación*, sería posible revivir a una víctima de asesinato. Concretamente, si el asesino llevara a cabo el acto de *Teshuvá* verdadero en *Rosh Hashaná* —o en otro momento apropiado, tal como lo determina el Creador— el alma de la víctima sería impregnada en un huevo fertilizado y comenzaría un embarazo que traería a la persona asesinada a la vida en una nueva reencarnación. Esta rectificación no sólo es aplicable a un asesino que mata y luego se arrepiente en esta generación (o reencarnación); uno también puede arrepentirse de un homicidio cometido en una generación anterior.

Al llevar a cabo el acto de *Teshuvá*, tenemos la capacidad de crear un cuerpo para el alma de la víctima. Sin embargo, para lograr esta purificación debemos decirnos con honestidad: "deseo cambiar el deseo de recibir para mí mismo, el cual me llevó a cometer transgresiones contra otros seres humanos, no contra el Creador".

¿Se ve el Creador afectado por nuestras acciones? No. El tema aquí es la conciencia negativa que se ha inyectado en el universo como resultado de nuestras acciones negativas. Es fundamental comprender que las buenas personas también pueden verse afectadas por la energía negativa que nosotros hemos creado. Estamos hablando de dos tipos de transgresiones: las que van dirigidas a otros y las que van dirigidas al Creador. En este caso, "el Creador" se refiere a todo el universo que lo refleja y lo representa. En suma, uno debe cambiar el deseo de recibir, volver atrás en el tiempo, desaparecer y entrar en el universo paralelo, porque cada pecado cometido tiene su origen en las propiedades innatas de la actividad humana, es decir, en el Deseo de Recibir Sólo para sí Mismo.

Tecnología
(Rezo/Shofar/Meditación)

Consideremos ahora las tecnologías y las armas que podemos utilizar en *Rosh Hashaná*. Estamos involucrados en una batalla sobre temas metafísicos. Las fuerzas que enviaremos al frente dependen del conocimiento que poseemos. Nuestro conocimiento es la conexión y las reservas de armas que necesitaremos para poder luchar en la batalla. Leer el *Zóhar*, o simplemente escanear con la vista las letras en arameo, puede prepararnos para este campo de batalla y asegurar el éxito de nuestros esfuerzos.

Utilizar el sonido del *Shofar* es como activar un control remoto diseñado para despertar en nuestra conciencia algo divino. ¿Pero qué es lo divino? ¿Es aquello que está fuera del alcance de la percepción humana? Para despertar "arriba", debemos despertar también "abajo" mediante un instrumento físico que nos conecte con el instrumento divino. Sin embargo, no podemos emplear cualquier instrumento físico; debemos saber con precisión qué instrumento utilizar para llegar al lugar adecuado.

La palabra en arameo שׁוּפָר (*Shofar*) tiene el valor numérico 586. ¿Es coincidencia que el cuerno de carnero recibiera el nombre de "*Shofar*"? Por supuesto que no. Esta denominación es un código que nos ayuda a comprender la energía esencial del material físico conocido como cuerno de carnero.

El *Zóhar* enfatiza la importancia suprema de soplar el *Shofar* utilizando la técnica y las meditaciones correctas. Esto se debe a que el *Shofar* es nuestro medio para entrar en el universo y convertir un campo de ruinas en un lugar de paz y tranquilidad. El acto físico de soplar, según el *Zóhar*, no es suficiente. Si éste no va acompañado de las meditaciones correctas, el acto de soplar creará un sistema de comunicación, pero éste no tendrá ninguna utilidad para nosotros. Será como una red de teléfonos y cables bien instalada pero que está vacía de contenido porque no se está usando para transmitir ideas.

La palabra *Shofar* y la palabra *takfu* (que significa "ellos atacaron") tienen el mismo valor numérico. A través de este común denominador, podemos extraer de ellas una información muy valiosa. El significado de la palabra *takfu* es "luchar contra", "penetrar", incluso "cancelar" y "eliminar". Así, debido a su valor numérico, el *Shofar* nos presenta el instrumento que realizará la tarea de cancelar y eliminar el Deseo de Recibir Sólo para sí Mismo, un deseo que nosotros mismos hemos creado. Por lo tanto, debemos reconocer que el *Shofar*, el instrumento físico, tiene la capacidad de establecer un canal directo de comunicación con el estrato interior del universo, el tribunal cósmico de justicia; y también, mediante el acto de soplar, tenemos la capacidad de destruir la acusación que el Oponente está intentando presentar contra nosotros.

El uso del *Shofar* incluye tres aspectos, al igual que el *Majzor* (Libro de rezos de las festividades), que también está construido según el "aspecto de tres". El soplido inicial del *Shofar* ocurre antes de la conexión (adicional) de *Amidá de Musaf*. Aquí los sabios formularon tres bendiciones: una para la columna derecha, otra para la izquierda y otra para la central. Y en este contexto es importante no sólo saber con precisión lo que esto significa, sino también comprender que sin la meditación correcta y la intención apropiada el trabajo espiritual no puede realizarse.

Es una suerte para Israel y para el mundo entero que los sabios establecieran la conexión entre las columnas derecha, izquierda y central, y que manifestaran esta conexión de una forma física. Avraham, Isaac y Jacobo eran los eslabones perdidos entre lo físico y lo metafísico. Consecuentemente, aunque todas las formas de pensamiento se crearon durante los tres primeros días de la Creación —tal como está descrito en Génesis 1— la humanidad no podía utilizar este poder para sus necesidades cotidianas hasta que la energía no se materializara como Avraham, Isaac y Jacobo. Estas tres Carrozas permiten que todo el mundo se conecte con la Luz. Y cuando esta conexión universal tiene lugar, reinan la paz y la hermandad.

Ahora debemos regresar al momento anterior al Pecado de Adán y realizar la corrección necesaria. En definitiva, esto es lo que hacemos juntos en *Rosh Hashaná*, porque todos queremos tener un buen año y sabemos que el poder para lograrlo está en nuestras manos.

Sin embargo, un buen año no viene sin ningún esfuerzo, y el esfuerzo no sólo consiste en oír el sonido del *Shofar*. Por el contrario, debemos regresar en el tiempo y llevar a cabo el acto de *Teshuvá* a través de la metodología del *Zóhar*.

Este retorno en el tiempo se logra recitando el *Brij Shemei*. Por supuesto, toda persona que recite el *Brij Shemei* sin conocer su propósito nada logrará. Sin embargo, cuantas más personas reciten el *Brij Shemei* con la intención correcta, más lograremos acercarnos —y finalmente retornar— al estado de Adán antes del Pecado.

Nuestro propósito es recuperar algo que perdimos, volver a esa parte de nosotros que una vez tuvimos sin saberlo y que perdimos sin saber lo que habíamos perdido ni cuándo. Ahora podemos ganar el acceso a algo más que nuestro potencial humano cotidiano. Podemos conectarnos con nuestro verdadero ser interior, y establecer esa conexión también nos permitirá relacionarnos con el estrato interior del universo.

Las conexiones y las meditaciones no tienen de por sí el poder inherente de elevar lo físico a un nivel espiritual; simplemente tienen el poder de conectar nuestro subconsciente con el mundo espiritual. Nada se revela en el mundo físico a través del rezo por sí solo. El rezo no trata con la dimensión de *Maljut*, con la revelación total en el reino material. Por ello, el Arí escribió que el rezo o la meditación no pueden llevar a resultados en la dimensión corpórea o física.

El alma humana tiene el potencial de alcanzar un nivel más alto de conciencia que el de los ángeles. Es cierto que los ángeles no están limitados por la realidad física, por lo que pueden traspasar paredes y puertas y trasladarse instantáneamente de un lugar a otro. Pero, al mismo tiempo, los ángeles no pueden ascender a los Mundos de *Yetsirá* (Formación), *Briá* (Creación) o *Atsilut* (Emanación). Un ángel es una entidad o poder que sirve como canal metafísico para conducir la Luz, de la misma forma que las ondas de radio transmiten mensajes. Por lo tanto, cada tarea en el mundo tiene un ángel específico, y cada rezo tiene un ángel cuyo trabajo es elevarlo y transmitirlo.

El *Zóhar* explica las razones para el rezo y la meditación. Desde una perspectiva kabbalística, la realidad interna de una piedra, de una persona y del universo entero es un todo unificado. Si juntos podemos transformar las distintas manifestaciones de esta realidad interna en una sola, seremos capaces de controlarlo todo en el universo. La humanidad ha recibido esta responsabilidad y potestad.

Tanto en la meditación como en el rezo, debemos liberarnos de las ilusiones de la dimensión material y establecer una conexión directa entre nosotros y el universo. No es una tarea sencilla, pero es esencial. Según el *Zóhar*, si establecemos esta conexión cósmica —que en realidad es una conexión con nosotros mismos, puesto que todo es un conjunto unificado— el mundo se llenará de la paz y la tranquilidad que tan desesperadamente buscamos. Pero si no lo hacemos, sólo retornaremos al caos.

Muchas personas en el mundo todavía no han comprendido la conexión que estamos describiendo aquí; sin embargo, esta unificación ocurrirá algún día, y el caos desaparecerá de la existencia. Cuando aprendamos a comunicarnos con nuestro verdadero ser interior, el resultado será revolucionario. A decir verdad, no tenemos otra alternativa que llevar a cabo esta tarea, ya que ni la ciencia ni ninguna otra institución pueden garantizarnos que "mañana será un día mejor". Y aun cuando haya habido momentos de tranquilidad en nuestras vidas, no hay persona que permanezca inafectada por el caos que gobierna en nuestro mundo. En consecuencia, es imprescindible que cada uno de nuestros esfuerzos vaya encaminado a disminuir la energía negativa en el universo, que es la causa real del caos.

En esencia, debemos proyectarnos a nosotros mismos hacia una dimensión en la que nuestros cuerpos físicos —la causa de todos los problemas— no existan. Para lograrlo, debemos comenzar con el primer aspecto de la meditación.

La letra aramea 𐤐 (*Pei*) nos conecta con Venus, que rige el signo astrológico de Libra. Según el *Zóhar*, cuando nos conectamos con *Pei* a través de la meditación, estamos de hecho conectándonos con la jerarquía del universo y de nuestro propio ser. La letra ל (*Lámed*) fue la que creó a Libra, y junto con Venus rige las influencias internas y externas de este mes. Cuando meditamos sobre *Pei* y sobre *Lámed* en este orden, creamos una conexión con todo el universo. No obstante, debemos hacer un esfuerzo consciente por eliminar todos los aspectos negativos de Venus y Libra y conectarnos sólo con sus aspectos positivos.

Después de meditar con esta intención por unos instantes, continuamos con el rezo que se pronuncia antes de las bendiciones que preceden al soplado del *Shofar*. Al mismo tiempo, debemos comprender que las palabras de las conexiones son sólo canales. Según El Arí, la meditación —o pensamiento guiado— es la parte más importante de la conexión.

El rezo comienza: "desde el sufrimiento te llamé, Oh Dios" (*Tehilim* 118:5). A través de esta combinación logramos realizar "la destrucción de Satán". En esencia, nos deshacemos de la energía negativa del Deseo de Recibir Sólo para sí Mismo; preparamos nuestro cable de comunicación con el objetivo de erradicar ese Deseo de Recibir Sólo para Nosotros Mismos que creamos durante el año transcurrido. La intención de la conexión debe ser que el Deseo de Recibir Sólo para sí Mismo deje de formar parte de nuestras vidas.

Al finalizar esta conexión, estamos preparados para las bendiciones. La primera es: "Bendito eres tú, Hashem, nuestro Dios, Rey del Mundo, Quien nos santificó con Sus enunciados y nos encomendó escuchar el sonido del *Shofar*".

¿Pero qué significa "Bendito eres tú"? La interpretación convencional de esta frase es incorrecta. El Creador, después de todo, no necesita ninguna bendición de nuestra parte, ya que a Él no le falta nada; sólo el Deseo de Recibir Sólo para sí Mismo puede incluir la carencia. La bendición que acabamos de recitar debería simplemente considerarse un enlace o un canal al *Shofar* mismo. La bendición es, en esencia, como marcar un número de teléfono, pero al mismo tiempo es algo muy distinto. A pesar de que el *Shofar* es un objeto físico, no nos conectamos con el aspecto material del instrumento, sino con la voz interna que surge desde su interior. Nuestra conciencia de pensamiento conecta con el sonido del *Shofar*, el cual actúa como un canal y lleva nuestros pensamientos a su destino. Esto es así porque el poder de dicho sonido puede, según el *Zóhar*, alcanzar cada universo y galaxia que fue o será alguna vez concebida. Y cuando alimentamos ese canal del sonido con el pensamiento y el propósito correctos, establecemos una conexión cósmica que es la esencia del rezo.

La Kabbalah enseña que escuchar el sonido del *Shofar* crea conexión entre nuestros oídos y el "oído supremo" que es *Biná*, el almacén de energía de la Luz. Por lo tanto, la palabra que más se ajusta para formar la conexión de oído a oído es *lishmoah* (escuchar). Dedicamos solamente dos días de nuestra vida a realizar este esfuerzo; sin embargo, según la Kabbalah, estos dos días pueden resultar en un buen año, sin las desventajas que, de otra manera, acompañan a todo el comportamiento humano. *Biná* está asociado con Libra, la balanza, y si ésta se inclina a nuestro favor, la Luz nos guiará durante el año que se inicia.

La segunda bendición dice: "Bendito eres tú Hashem, nuestro Dios, Rey del Mundo, que nos has dado la vida, nos has sustentado y nos has traído hasta este momento".

Esta bendición tiene tres fases que se corresponden con las conciencias del átomo (derecha, izquierda y central): el deseo de compartir, el deseo de recibir —por ejemplo, la energía negativa que al mismo tiempo es vital para la creación del ciclo— y la fuerza central de resistencia. Antes de dar una descripción detallada de estas fases, nótese que la frase "nos ha dado la vida" se refiere a la columna derecha; "sustentado" a la columna izquierda; y "traído" a la columna central. También deberíamos saber que en el primer día de *Rosh Hashaná* nos ocupamos de transgresiones serias del deseo de recibir para nosotros mismos. Éstas se expresan como *dina kashia*, que significa "juicio fuerte o severo". En este día, todos nuestros esfuerzos estarán dirigidos a destruir esa forma de negatividad.

El segundo día de *Rosh Hashaná* se ocupa de las trasgresiones menos serias, expresadas como *dina rafia*, que significa "juicio débil o suave". Uno podría pensar que nuestro ataque al Satán durante el segundo día requiere de una intención menos poderosa. Sin embargo, no debemos relajar nuestra presión y nuestro esfuerzo en ese momento, sino que debemos continuar con la misma intensidad que antes; es importante recordar que en la guerra contra el Satán no hay ni un solo momento que carezca de importancia. Mientras que el enemigo no se haya destruido por completo —"y la muerte no se haya destruido para siempre" (Isaías 25:8)— el peligro al cual nos enfrentamos persistirá.

Dos palabras: *Teruá* (toque) y *Shevarim* (romper), describen nuestras dos formas de ataque. *Shevarim* es una ofensiva contra los juicios severos, mientras que *Teruá* está relacionada con los juicios blandos. Uno podría preguntarse por qué nos ocupamos de atacar los juicios blandos también durante el primer día. La respuesta es que nuestros Sabios comprendieron que el hombre no puede distinguir con precisión los distintos tipos de transgresión. El robo de una gran suma de dinero de un banco, por ejemplo, podría crear menos sufrimiento a su víctima que el robo de una cantidad aparentemente insignificante pero que represente el único ingreso de un hombre de recursos limitados.

A través del *Zóhar* nos conectamos con el equilibrio. El *Zóhar* nos enseña que al lanzar nuestros misiles espirituales, éstos reciben un empujón de nuestros antepasados que los envían a la siguiente fase y finalmente los coloca en la carpa de Jacobo. Esto sucede cuando nuestros misiles espirituales arriban a la *Sefirá de Tiféret*, que es la columna central. ¿Qué significa esto? Debemos comprender que los misiles que

lanzamos son "misiles antimisiles". En otras palabras, son
como una vacuna. Una vacuna toma a un virus con vida y lo
conecta con el antivirus, que es su opuesto.

El virus espiritual de la conciencia de Satán está
rodeado de *Tekiot* (sonidos) del *Shofar* y rodeado por dos
aspectos. Primero está rodeado por el canal de *Jésed*, el canal
de energía positiva, y luego por el canal de la columna
central, que es *Tiféret*. Cuando estas dos fuerzas se juntan,
tienen el poder de destruir cualquier virus espiritual. Más
específicamente, hemos tomado la energía del virus y la
hemos debilitado; después, inyectamos el virus debilitado en
nuestros cuerpos. Una vez allí, el virus inyectado domina al
virus en sí mismo, que ahora también pasa a tener una
conciencia positiva.

El secreto de esta vacuna se encuentra en el *Zóhar*.
Para dominar la energía negativa del Deseo de Recibir Sólo
para sí Mismo —la energía que nos impide recibir del
almacén de energía— debemos tomar el Deseo de Recibir
Sólo para sí Mismo y convertirlo en una vacuna. Y desde el
momento en que logramos crear esa vacuna, lanzamos el
misil antimisil contra el Deseo de Recibir Sólo para sí
Mismo. Es una batalla excitante, una especie de "Guerra de
las Galaxias" que tiene lugar cada año. Y según el *Zóhar*,
¡felices son aquellos que pueden enfrentarse al misil de la
negatividad y destruirlo!

Este antimisil también puede beneficiar a personas que
están a punto de sufrir un "accidente" o desgracia en sus

vidas pero desconocen que ese hecho está relacionado con su actividad negativa. Estas personas necesitan una dosis de energía para un año adicional. La conciencia negativa creada como resultado de sus acciones determinará si el misil de negatividad les traerá la muerte o bien les traerá solamente un año de sufrimiento intenso. En *Rosh Hashaná* debemos construir el hardware y el software capaces de crear el mejor resultado posible.

Ese hardware es el poder de la Luz, que destruirá cualquier misil del Deseo de Recibir Sólo para sí Mismo. ¿Qué nos quiere transmitir el *Zóhar* con *jazek yadai* ("fortalece mis manos")? Simplemente que no existe coerción en la espiritualidad. Si la humanidad no crea los canales apropiados para la fuerza de la Creación, la Luz no se revelará. Esto es lo que el Creador está esperando en *Rosh Hashaná*: *jazek yadi* o "siéntame en el trono", ya que en este día específico los misiles vienen a inyectarnos energía negativa que puede causarnos un sufrimiento peor que la muerte.

El software mencionado consiste en tres grupos de misiles espirituales. El primer grupo contiene la energía de la columna derecha. Este grupo, al que denominaremos Avraham, representa el Deseo de Compartir. Este aspecto del software aparece inmediatamente después de dos bendiciones y antes de la *Amidá*, el *Shemoná Esré*, que es la parte más importante de cada conexión durante el año. El segundo grupo es la energía del Deseo de Recibir, que es la conciencia de pensamiento negativa y nos conecta con la energía de Isaac. Este aspecto del software se activa durante el servicio de la *Amidá*, cuando toda la congregación se encuentra de pie en silencio y recita calladamente el grupo de la columna izquierda. El último grupo, el disco final del software, será guiado por la energía de la columna central, que nos conecta con la energía de Jacobo. La construcción del tercer grupo del software ocurre cuando se repite el servicio de la *Amidá*: la Repetición a cargo del líder de la conexión. Al repetir la *Amidá*, construimos el archivo final, que es el Deseo de Recibir con el Propósito de Compartir.

Estas bendiciones son presididas por una conexión adicional que crea una especie de aislamiento para el *Shofar*. Este aislamiento es necesario porque en este día todos los misiles de energía negativa están listos para el ataque. Para ayudarnos a asegurar la protección de nuestra arma principal, el láser antimisil del *Shofar*, existe un rezo en el libro que está extraída del Salmo 47 y que se repite siete veces. Sin embargo, debemos ser conscientes de que el poder de esta conexión no se encuentra en sus palabras, que son secundarias, sino en la intención. Antes de leer el rezo por primera vez, debe impregnarse a las palabras con la conciencia de *Jésed*. Ya hemos mencionado que las *Sefirot* son una forma de energía metafísica almacenada, y esto es exactamente lo que necesitamos para proteger la ofensiva del *Shofar* de la conciencia de pensamiento del Satán. ¿Pero por qué el rezo se repite siete veces? La respuesta es que las lecturas establecen la comunicación. Y el rayo emitido por el *Shofar*, que lleva el pensamiento guiado con él, forma la esencia de esta comunicación.

Por supuesto, el rayo láser del que estamos hablando es sólo una metáfora visual. De hecho, el poder del sonido del *Shofar* es mucho mayor que el de cualquier rayo láser, sea lo potente que sea. Pero debemos inyectar pensamiento guiado en este rayo. Con cada lectura del rezo, apuntamos a la energía interna de las siguientes *Sefirot*: *Guevurá, Nétsaj, Hod* y *Yesod*. Y en la séptima lectura, inyectamos la conciencia de pensamiento de *Maljut*.

Cada soplido del *Shofar* debe ser muy preciso, y cada uno debe producir un sonido en particular. Antes de lanzar el rayo, debe ser inyectado con la meditación correcta. Si esto parece complicado, recuerda que este tema es literalmente una cuestión de vida o muerte y que, por lo tanto, requiere un gran esfuerzo. Sólo las personas que comprenden este asunto pueden estar en el salón de guerra. (No puedes ganar una batalla si no entiendes realmente por qué estás allí).

Entonces ¿cómo suenan los diferentes rayos? ¿En qué se diferencian? (Recuerda que mencionamos anteriormente que *Teruá* significa "toque", mientras que *Tekiot* son los "sonidos"). *Tekiá* es un toque largo, mientras que *Teruá* es una serie de al menos nueve sonidos cortos, agudos y penetrantes. Shevarim está formado por tres soplidos más largos. Los nueve soplidos (de *Teruá*) están agrupados en grupos de tres y cada grupo suena como uno. La duración de *Shevarim* es aproximadamente la misma que la de *Teruá*. Los sonidos se reparten en ciclos respectivos, descritos en detalle. El último *Tekiá* de cada ciclo se efectúa como un soplido largo y continuo que tiene como mínimo la duración de los nueve soplidos cortos.

En el libro de rezos encontramos una combinación de diferentes marcos de referencia. Tal como hemos mencionado, el primer grupo de conexiones tiene tres partes. Este grupo es el que se atribuye al marco de referencia de Avraham, la columna derecha. Cuando se escuchan las bendiciones, ésta es la señal para construir el marco de referencia para una lectura específica de la conexión, la cual contiene tres partes. También está claro que el número tres se refiere a los tres componentes de cualquier marco de referencia: columna derecha de la columna derecha, columna izquierda de la columna derecha y columna central de la columna derecha, respectivamente. Creamos tres marcos de referencia menores y, de esta forma, concebimos tanto la unidad del marco completo como su división en partes en su calidad de Avraham. Cada parte de este primer grupo está subdividida en tres fases. La tecnología de la ofensiva es, por tanto, muy precisa. La ciencia no puede descifrar la forma en que la conciencia del pensamiento puede viajar distancias de billones de años luz, no obstante, lo cierto es que esta distancia no existe; sólo es una ilusión. En *Rosh Hashaná* tenemos la buena fortuna de recibir energía del futuro, que podemos utilizar para reducir los juicios y para controlar nuestro destino.

De hecho, somos nosotros quienes hacemos que nuestras mentes piensen. En el mundo cotidiano, la televisión y las computadoras parecen estar usurpando nuestro poder de pensamiento. Pero de repente, al menos en *Rosh Hashaná*, se supone que debemos utilizar nuestra propia mente como una computadora. Esto puede sonar extraño a la vasta mayoría de la población mundial, pero es un buen momento para comenzar, puesto que *Rosh Hashaná* no es meramente un ejercicio para desarrollar la computadora de la mente, sino un ejercicio para la vida misma. Si todo lo que se ha dicho aquí es cierto, y si no hay coerción en la espiritualidad, entonces debemos buscar dentro de nosotros y preguntarnos: "¿Vale la pena?". Mi intención aquí es solamente compartir el conocimiento de los kabbalistas, quienes afirman que nosotros tenemos la tecnología para crear el ADN —tanto físico como metafísico— con el cual podemos transformar la Creación. Sin duda, este concepto puede parecer extraño en un principio. Tal vez tengamos que esforzar al máximo nuestros poderes mentales, quizá algo oxidados, para llegar a comprenderlo. Pero si lo hacemos, este óxido finalmente desaparecerá y podremos descubrir un nuevo mundo, uno que nuestra mente no era capaz de percibir.

Antes de tocar el *Shofar*, construimos una columna derecha de Avraham (primer grupo), que tiene tres partes: la primera "derecha" (Avraham), la segunda "izquierda" (Isaac) y la tercera "central" (Jacobo). Como ya mencionamos anteriormente, cada parte está, a su vez, dividida en tres etapas. Esto también se aplica a los otros dos grupos. Por lo tanto, si comprendemos un grupo, sabremos todo lo que debe saberse sobre el soplido del *Shofar*. La división de las partes en etapas también es paralela a la energía de las columnas derecha, izquierda y central. Asimismo, cada sección está separada en sus propios grupos, partes y etapas.

MEDITACIÓN DE *TEKIOT* (TOQUE DEL *SHOFAR*) DE *ROSH HASHANÁ*

AVRAHAM - ADORACIÓN DE ÍDOLOS

	DERECHA	IZQUIERDA	CENTRAL
DERECHA	Tekiá Shevarim Teruá Tekiá	Tekiá Shevarim Teruá Tekiá	Tekiá Shevarim Teruá Tekiá
IZQUIERDA	Tekiá Shevarim Tekiá	Tekiá Shevarim Tekiá	Tekiá Shevarim Tekiá
CENTRAL	Tekiá Teruá Tekiá	Tekiá Teruá Tekiá	Tekiá Teruá Tekiá Guedolá

ISAAC - INCESTO

	DERECHA	IZQUIERDA	CENTRAL
DERECHA	Tekiá Shevarim Teruá Tekiá	Tekiá Shevarim Tekiá	Tekiá Teruá Tekiá
IZQUIERDA	Tekiá Shevarim Teruá Tekiá	Tekiá Shevarim Tekiá	Tekiá Shevarim Tekiá
CENTRAL	Tekiá Shevarim Teruá Tekiá	Tekiá Shevarim Tekiá	Tekiá Teruá Tekiá Guedolá

JACOBO - DERRAMAMIENTO DE SANGRE

	DERECHA	IZQUIERDA	CENTRAL
DERECHA	Tekiá Shevarim Teruá Tekiá	Tekiá Shevarim Tekiá	Tekiá Teruá Tekiá
IZQUIERDA	Tekiá Shevarim Teruá Tekiá	Tekiá Shevarim Tekiá	Tekiá Shevarim Tekiá
CENTRAL	Tekiá Shevarim Teruá Tekiá	Tekiá Shevarim Tekiá	Tekiá Teruá Tekiá Guedolá

DAVID - MALA LENGUA

DERECHA	Tekiá Shevarim Teruá Tekiá
IZQUIERDA	Tekiá Shevarim Tekiá
CENTRAL	Tekiá Teruá Tekiá Guedolá

La primera parte del grupo de Avraham es *Tekiá-Shevarim-Teruá-Tekiá*. Este ciclo de cuatro soplidos del *Shofar* se repite tres veces. Los cuatro soplidos siempre aparecen juntos en la primera parte del grupo, y la columna derecha es el foco. Dentro de cada parte podemos discernir las etapas. Por ejemplo, consideremos la segunda etapa de la primera parte del primer grupo. Cuando estamos listos para la segunda etapa de *Tekiá-Shevarim-Teruá-Tekiá*, antes del *Tekiá* inicial debemos inyectar el marco de referencia de la segunda etapa de la primera parte del primer grupo, que es "la columna izquierda de la columna derecha de la columna derecha".

Ahora llegamos al lanzamiento de los sonidos. Primero hemos determinado el marco de referencia, que es la intención. Sin la intención no logramos nada. La intención inyecta la conciencia específica, que es el canal espiritual de comunicación: un canal sin cables, inmaterial. Y ésta es la conciencia que se topará con el arma que está viniendo a atacarnos en *Rosh Hashaná*. Ese día también pediremos energía del almacén de energía. Quizá no seamos conscientes de todos estos procesos, pero nuestra alma ha presentado una petición al almacén de energía. Y una vez se ha presentado esta petición, si en algún momento del año construimos un misil de energía satánica formado por el Deseo de Recibir Sólo para sí Mismo, nuestra petición no puede llegar ni llegará a su destino. Según la Kabbalah, es muy probable que este misil de deseo de recibir intercepte nuestro pedido.

Retornemos a la segunda etapa de la primera parte del primer grupo. Antes de tocar el *Shofar*, debemos inyectar el pensamiento en la etapa de la columna izquierda del grupo de la columna derecha. Pero aquí nuestras mentes deben trabajar rápido, puesto que este pensamiento debería ocurrir en el segundo anterior al toque. ¿Cuánto dura este proceso?

En una sinagoga común, el primer grupo dura 10 minutos. En el Centro de Kabbalah dura 30 minutos o más, puesto que la energía negativa es muy fuerte en este día y lo que realmente busca es anular nuestra computadora. En ocasiones, esa energía negativa tiene éxito, y en tal caso el proceso mental debe repetirse hasta que se hayan cancelado todos los pensamientos negativos. El Satán está allí, no te equivoques. Dale la oportunidad de entrar en tu computadora, y cuando piense que ha logrado vencerte, atácale de nuevo por sorpresa hasta que hayas inyectado el pensamiento correcto que debe preceder al soplido.

Aquellos que sientan que su mente no puede seguir las meditaciones pueden —al iniciar la *Tekiá*— confiar en su construcción anterior: en la conciencia de pensamiento del grupo específico y la parte específica. En tal caso, durante el toque del *Shofar*, uno sólo necesita pensar lo siguiente: la columna derecha gobierna la *Tekiá*, la columna izquierda gobierna tanto a *Shevarim* como a *Teruá*, y la columna central gobierna el último *Tekiá* en un ciclo de sonidos.

¿Pero por qué dos columnas izquierdas? Por la misma razón que *Rosh Hashaná* dura dos días. La respuesta de los kabbalistas es que esto se refiere a la distinción entre las dos clases de transgresiones: los juicios severos y los juicios blandos. Los *Shevarim* van dirigidos a los juicios severos y las *Teruá* a los juicios blandos.

Tanto *Shevarim* como *Teruá* están conectados a la energía negativa de la columna izquierda, es decir, a Isaac.

Los *Shevarim*, como ya lo hemos mencionado, están compuestos de tres *Tekiot*, y las *Teruá* de nueve *Tekiot* cortos. Los *Shevarim* están conectados con la actividad humana negativa extrema, mientras que los *Teruá*, *Maljut*, contrarrestan transgresiones leves. En *Shevarim* inyectamos el pensamiento energético de *Guevurá*. Meditar en la palabra *Guevurá* durante los *Shevarim* y en la palabra *Maljut* durante las *Teruá* será suficiente para construir nuestro misil antimisil.

Para reiterar: en la primera *Tekiá*, debemos inyectar el pensamiento de la columna derecha o Avraham. En *Shevarim*, debemos inyectar *Guevurá* o la palabra Isaac. A *Teruá* corresponde la palabra *Maljut* o la palabra David. En la última *Tekiá*, la intención es pensar sobre Jacobo o la columna central. La técnica es simple, esto es todo lo que se necesita. Y la misma intención se inyecta en la primera parte de los dos grupos siguientes, respectivamente.

Ahora analicemos la segunda parte del primer grupo. Ésta es la parte de la columna izquierda. Aquí, el orden de los soplidos del *Shofar* es: *Tekiá-Shevarim-Tekiá*. La primera *Tekiá* es la columna derecha; el *Shevarim*, la columna izquierda, y la última *Tekiá*, la columna central.

La tercera parte del primer grupo se compone de *Tekiá -Teruá-Tekiá*. La *Teruá* es *Maljut*, la energía negativa, pero en menor medida que en *Shevarim*. En la tercera etapa de la tercera parte del primer soplido, notaremos la frase *Tekiá* Guedolá (Gran *Tekiá*). Los kabbalistas se dieron cuenta de que al completar la *Tekiá* final, por alguna razón metafísica, la manifestación de la columna central que ocurre en esta etapa es muy importante dentro de toda la tecnología. Éste es el motivo por el que extendemos la última *Tekiá* lo más posible, o tanto como pueda la persona que está tocando el *Shofar*.

Continuamos ahora con la conexión de la *Amidá*. Otra vez notaremos que el *Shofar* se utiliza en tres lugares distintos, pero aquí hay una diferencia. En la *Amidá* no se requieren tres series de soplidos, sino que es suficiente con una serie para cada parte. Ésta es la principal diferencia entre el primer grupo y el segundo y tercer grupo. En la conexión de la *Amidá*, que la congregación recita en silencio, nos referimos a la energía negativa de la columna izquierda —o Isaac— en este, el segundo grupo. Este grupo debe inyectarse con los mismos pensamientos guiados que hemos aprendido para el primer grupo; el método es idéntico. No obstante, en contraste con el grupo de Avraham, que contiene tres partes diferentes y cada una dividida en tres etapas, las partes del grupo de Isaac no están divididas en etapas, sino que todas las partes son idénticas.

En el tercer grupo (que es la repetición de la *Amidá*) inyectamos la meditación sobre Jacobo, o la columna central, antes del comienzo de la primera parte. Después continuamos con la segunda parte, que es la columna izquierda, y después con la tercera, que es la columna central. Este grupo no está subdividido en etapas, y con esto hemos casi completado los tres grupos de etapas requeridos para nuestro ataque a los misiles de energía negativa. Sin embargo, al final de la repetición de la *Amidá*, hay un grupo adicional que se conecta con *Maljut*. La estructura aquí es similar a las partes y etapas de los grupos dos y tres, pero con una diferencia sustancial. Mientras que los grupos dos y tres tienen cada uno tres partes, *Maljut* —el cuarto grupo— tiene una sola serie de soplidos: *Tekiá-Teruá-Tekiá*. En este grupo —que está conectado con *Maljut*, el deseo de recibir— recitamos el rezo de Kadish.

¿Por qué la *Tekiá*, la *Teruá* y el *Shevarim* suenan de la manera en que lo hacen? Existe una *Tekiá* de la columna derecha y una *Tekiá* de la columna central. Éstas son energías positivas, por lo que no hay interrupciones ni fragmentaciones; porque, igual que en la vida, la fragmentación o separación sólo existe en la negatividad. Si algo es positivo, entonces tiene un flujo suave de energía. Por tanto, la *Tekiá* es un sonido largo. El *Shevarim* y la *Teruá* están fragmentados porque están conectados con energía negativa. La palabra *Shevarim* deriva del término arameo shever, que significa romper. *Teruá* es, de forma similar, una forma de corte o separación.

Mediante este simple conocimiento, nos convertimos en capitanes de nuestro propio barco y, por ese medio, se nos revelan los secretos profundos de la Kabbalah. Esto nunca había sucedido antes, pero está ocurriendo ahora. En el Libro de Jeremías existe la prueba de que en esta Era de Acuario obtendremos beneficios que ninguna otra generación anterior pudo esperar recibir. En Jeremías 31:33

está escrito: "Y ya no tendrán que enseñarse mutuamente, diciéndose el uno al otro: '*Conozcan a Hashem*'". En otras palabras, no habrá necesidad de coerción espiritual y no habrá necesidad de enseñar a las personas. Todos conocerán a Dios y todos conocerán el poder de la Luz: "Porque todos me conocerán, del más pequeño al más grande —dijo Hashem—. Porque yo habré perdonado su iniquidad y no me acordaré más de su pecado".

Este pasaje suena un tanto visionario, pero consideremos el hecho de que en un breve período hemos aprendido cómo defendernos en el caso de una Guerra de las Galaxias; o, tal como La Biblia la denomina, la guerra de *Gog* y *Magog*, la guerra final. En arameo, las palabras *Gog* y *Magog* (la guerra de Armagedón) derivan de la palabra *haguiguim* o "pensamientos", e implican el poder del pensamiento. La artillería usada en esta batalla será la mente humana. Podemos aprender a defendernos con el poder del pensamiento. Y en este campo es donde los kabbalistas se encuentran varios pasos más adelante de la comunidad científica, puesto que la ciencia aún no ha dado el último salto al plano metafísico. Si el método presentado aquí parece complicado, revísalo y te sorprenderá ver lo mucho que has aprendido.

El proceso de esta meditación computarizada traerá muchos beneficios secundarios. Verás el mundo a tu alrededor desde un ángulo muy distinto y tendrás una conciencia infinitamente mayor. Cosas que nunca has visto antes serán de repente visibles, como si antes no hubieran existido.

No puedes saber cuán efectivas son las cosas hasta que las pruebas. Somos afortunados porque podemos decir: podemos evitar un holocausto impidiendo que el Satán, la conciencia negativa, tome el control. Según el pensamiento kabbalístico, el armamento que se utilizará en la guerra venidera no serán rayos láser, sino la conciencia del pensamiento. Tal vez uno se pregunte si la diseminación de esta información tan poderosa podría causar daño. La respuesta es que aun cuando uno comprende todo el conocimiento de la Kabbalah, esta información no puede utilizarse si el usuario no tiene una conciencia de "amar al prójimo como a sí mismo". Por esta razón, no puede caer en las manos incorrectas.

Utilizando esta poderosa tecnología podemos eliminar defectos, tragedias y catástrofes de los guiones de nuestras vidas. Ya no estaremos destinados a experimentar cada día como algo que está fuera de nuestro control. Antes ésta era la única ruta disponible para nosotros, pero ahora tenemos una alternativa. Durante miles de años, la Nave Tierra ha estado navegando sin capitán, pero ahora los capitanes pueden aparecer, y todo como consecuencia de lo que está sucediendo en la dimensión espiritual. Las armas físicas y los medios físicos de protección ya no pueden traer la victoria, Josué nos enseñó esta lección. "Ahora Jericó estaba completamente cerrada por los hijos de Israel: ninguno salía, ninguno entraba". En otras palabras, no había ninguna posibilidad de conquistar Jericó; estaba fortificada como ninguna otra ciudad antes. ¿Y entonces qué sucedió? Los guardianes rodearon la ciudad: "La gente gritó y [los sacerdotes] soplaron los cuernos. Y sucedió que al escuchar el sonido del cuerno la gente lanzó un gran grito y la pared cayó desplomada, y así las personas subieron a la ciudad con todos los hombres delante de él y tomaron la ciudad".

Josué enseñó a las personas la meditación correcta, que es también lo que aprendemos en *Rosh Hashaná*. Este es el significado de "la gente lanzó un gran grito". Aquí vemos el inmenso poder de la mente y el espíritu dirigido contra una fortificación que no podía conquistarse por medios físicos.

Las guerras entre las naciones y los enfrentamientos violentos entre individuos solamente finalizarán cuando nos demos cuenta de que estas acciones son un resultado directo del pensamiento negativo, y cuando reconozcamos que cada manifestación física del pensamiento debe tener un fin. Jericó era físicamente impenetrable, pero no pudo resistir la conciencia de pensamiento del *Shofar*. Sin embargo, cuando la energía negativa se topa con la energía positiva, no hay duda sobre cuál de ellas prevalecerá. Lo positivo siempre vencerá a lo negativo.

En un nivel energético, el aspecto positivo apareció primero y el aspecto negativo no fue más que un resultado. Ésta fue la secuencia de pensamiento en el momento de la Creación. En un nivel físico, uno siempre puede subir en la escala: de rocas y lanzas, a la dinamita y a la bomba atómica. Pero ¿hasta dónde llega la escala? Se termina cuando nos enfrentamos al tipo de guerra que ya no sucede en la dimensión material.

Ahora nos encontramos en una guerra no física. Pero al mismo tiempo, poseemos un método de transferencia de energía positiva mediante el cual las energías negativas — aquellas que crean todo tipo de caos— serán derrotadas. La energía negativa no puede resistir el poder de la energía positiva. Y no hay necesidad de que intentemos mejorar el método que ya tenemos; no hay necesidad de seguir creando más de la llamada "artillería", moviéndonos a lo largo de la escala de destrucción desde las armas de la Edad de Piedra a las de la era nuclear. Porque lo que tenemos ya es perfecto. Nada puede derrotar al *Shofar*.

Por supuesto, simplemente escuchar el *Shofar* no tiene significado ni poder en sí mismo; uno también debe "conocer" la *Teruá*. Nótese que la única palabra utilizada en la Torá en este contexto es *Teruá*. Sin embargo, en la *Guemará*, el *Shevarim* y la *Tekiá* también se mencionan. ¿Por qué es así? Porque los Sabios de la *Guemará* no estaban seguros acerca del significado de la palabra *Teruá*. ¿Es un sonido continuo que emite el *Shofar* o tiene interrupciones? Y de ser así, ¿cuánto duran estas interrupciones?

El *Shofar* no se utilizaba solamente en *Rosh Hashaná*. Como ya hemos visto, cuando los Israelitas llegaron a Israel deseando conquistar Jericó, tocaron el *Shofar* y las paredes se derrumbaron. De la misma manera, *Yom Kipur* finaliza con el toque del *Shofar*. Y en *Yom Kipur* hablamos de *Tekiá*, un sonido continuo. Sin embargo, sólo en *Rosh Hashaná* nos encontramos con una discusión acerca del significado de *Teruá*. ¿Son los sonidos realmente tan diferentes? De ser así, ¿qué expresan? ¿Y por qué es tan importante que comprendamos su significado? ¿De dónde proviene el orden de los *Tekiot*? ¿Y dónde se originó?

Efectivamente, el origen de este concepto se encuentra en el *Zóhar*. Sin duda, existen también discusiones sobre este tema en el *Talmud*. Pero siempre que hay dos o más opciones o puntos de vista, las enseñanzas de la Kabbalah siempre prevalecen. La Ley de la Kabbalah siempre precede a las reglas estándar.

¿Por qué los Sabios lo decidieron así? Porque la Kabbalah tiene en cuenta no sólo el sonido del *Shofar*, sino también la conciencia. Rav Shimón dice que durante el toque del *Shofar*, tanto la persona que sopla como su audiencia deben inyectar conciencia en el sonido. Dicho simplemente, el sonido es como un teléfono: debemos hablar para manifestar la conexión. En cada sonido específico, según Rav Shimón, debe inyectarse tanto la conciencia de este sonido como su propósito.

De nuevo, el orden de los sonidos es extremadamente complejo. Soplamos el *Shofar* antes de la conexión de la *Amidá*, así como también durante y después de esa conexión, y en cada grupo de sonidos existen diferentes partes y etapas.

No obstante, según Rav Shimón, aun si producimos los sonidos correctos en los momentos adecuados, no lograremos nuestro objetivo si no somos conscientes de la energía específica que se está transmitiendo en ese preciso momento. Es como un misil sin cabeza nuclear: necesitamos la cabeza nuclear para poder impactar en la energía negativa. La energía negativa es aquella que crea los problemas en nuestras vidas; una vez que la eliminemos, todo estará en su sitio, y cada decisión que tomemos será la correcta.

Cada día del año tiene un aspecto positivo y uno negativo, y a través de la conexión del *Aná Bejóaj* podemos conectarnos con el aspecto positivo. Sin embargo, en *Rosh Hashaná* opera otro sistema distinto y no podemos simplemente meditar para conectarnos con las fuerzas positivas. El único objetivo de tocar el *Shofar* es destruir la negatividad que se expresa en dolor, sufrimiento, separación, enfermedad y otros males incluidos en la palabra *Din* (juicio). De este modo, el año venidero estará lleno de felicidad y certeza. De hecho, la certeza es el Mesías. Cuando hay certeza, hay todo. Si todos viviéramos en la certeza, todas las decisiones serían correctas.

Las decisiones que se han inyectado con incertidumbre no dependen en otra cosa que la suerte, que es algo en lo que no es deseable confiar. Pero cuando la incertidumbre deja de existir, no necesitamos saber qué nos depara el futuro; solamente necesitamos actuar de acuerdo con las enseñanzas de la Kabbalah y el futuro se ocupará de lo demás. Entonces ya no debes tomar precauciones para protegerte de un futuro incierto, porque la forma en la que actúas te lleva automáticamente al objetivo que deseas.

Según Rav Shimón, sólo hay una forma de traspasar la incertidumbre. Rav Shimón dice que la palabra *Teruá* que se menciona en la Torá también incluye al *Shevarim* y la *Tekiá*. ¿Pero por qué se menciona solamente la *Teruá*? Rav Shimón dice que existen dos aspectos de la negatividad: dos *Guevurot*, que significan poder, fuerza y fortaleza. Estas dos energías son la columna izquierda (que es Isaac) y *Maljut* (que es David). Ambas energías simbolizan la negatividad, pero no en el sentido maligno de la palabra, sino en el sentido del lado "menos". En una bombilla de luz normal, el polo negativo es esencial porque atrae la energía y provoca su manifestación. De la misma forma, es la mujer quien se queda embarazada, puesto que el lado "menos" (la polaridad negativa en el caso de la bombilla) es el que manifiesta la energía. Según Rav Shimón, *Shevarim* (que es Isaac) y *Teruá* (que es David) son las dos únicas energías negativas que existen en nuestro mundo.

Esto nos muestra que la negatividad tiene dos caras. ¿Pero es la mujer incapaz de dar por ser negativa? Por supuesto que no. Ella tiene el poder tanto de recibir como de dar. Cuando hablamos de Isaac, nos referimos al poder masculino y cuando hablamos de *Maljut*, nos referimos al poder femenino. Estas dos energías negativas —y no las *Tekiot* — son las que dirigen. Son estas dos energías las que destruyen los juicios: la masculina y la femenina.

¿Pero cuál es la diferencia entre estas dos energías? La energía masculina tiene la capacidad de ser emitida hacia fuera, mientras que la energía femenina permanece dentro. Por ejemplo, una mesa existe en un lugar específico y no afecta a su entorno. Si queremos utilizarla, debemos acercarnos a ella. Una mujer que da a luz está ejerciendo poder masculino, puesto que está creando vida fuera de ella misma.

Las energías negativas están divididas a su vez en dos categorías, la primera de las cuales es el Deseo de Recibir Sólo para sí Mismo. Éste es un tipo de energía que permanece en el interior. Sin embargo, también existe un tipo de energía negativa que se proyecta hacia fuera. Por ejemplo, puede que quieras dar a tu hija, pero el motivo de esta acción sea tu propio interés y no el de tu hija. Como resultado, la asfixias con bondad. En este caso, ciertamente estás compartiendo tu energía, pero al mismo tiempo estás destruyendo potencialmente al niño en el proceso. Aunque estés compartiendo algo bueno, dar puede tener un aspecto negativo si incluye una descarga exagerada de energía.

En ocasiones, el ego nos dice que si damos a alguien podremos controlar a esta persona, y entonces ésta se convierte en la única razón por la que damos; ahora la persona pasa a depender de nosotros. Por el contrario, Isaac representa la energía que se emite hacia fuera de forma equilibrada y medida. De la misma forma, el compartir verdadero también debe ser equilibrado.

Como ya hemos mencionado antes, la duración del *Shevarim* y de la *Teruá* debe ser la misma. Sin embargo, el sonido del *Shevarim* está compuesto de tres y el de la *Teruá* de nueve. Tres sonidos de la *Teruá* equivalen a un sonido del *Shevarim*. ¿Por qué? Rav Shimón explica que los *Shevarim* están en un nivel superior. Esto se refiere a Isaac, que está en el triángulo superior de la Estrella de David (*Zeir Anpín*). Los tres sonidos del *Shevarim* son la columna derecha, izquierda y central. Pero, como estamos hablando de Isaac, cada parte en sí misma está unificada. Sin embargo, cuando descendemos de Isaac a *Maljut*, entramos en una separación de tiempo, espacio y movimiento. Por este motivo la *Teruá* está dividida en nueve sonidos. En la *Torá* sólo está escrita la palabra *Teruá*. ¿Cómo desarrollaron entonces Rav Shimón y el *Talmud* la palabra *Shevarim*? La respuesta es que la *Teruá* contiene al *Shevarim* de forma oculta. La *Teruá* se encuentra en un nivel superior de energía potencial.

Tal como hemos visto, la *Teruá* y el *Shevarim* son las cabezas de ataque energético. Pero si esto es así, ¿por qué necesitamos la *Tekiá* preeliminar y la *Tekiá* final? Los *Tekiot* no son energías. La primera *Tekiá* es Avraham, éste es su código. Sabemos por la *Torá* que Avraham está allí para unir (*leekod*), para conectar. Cuando nos encontramos con un gran flujo de energía, un gran flujo de ideas, no podemos conectarlas a menos que estén activadas. *Akeda*, o "vincular", significa conectarlo todo.

La primera *Tekiá* activa las cabezas de ataque —*Teruá* y *Shevarim* — de forma eficiente y precisa. Esto garantiza que aprovechemos la energía que tenemos en el misil de la forma más eficiente y precisa posible. Ésta es la intención de la conexión de Isaac, es decir, la conexión de la energía negativa.

La *Tekiá* final es Jacobo, la columna central. El objetivo aquí es estabilizar el misil. Igual que en una bombilla de luz, los polos positivo y negativo no son suficientes para crear un circuito, sino que también es necesaria la resistencia. Por lo tanto, en la última *Tekiá* debemos pulsar el botón activador, que es Jacobo.

Esto nos permite comprender el nombre *Tishrei*. Está claro que es un código de la *Torá*. La letra aramea *Tav* es la *Tekiá*, la letra *Shin* representa a *Shevarim*, la *Resh* indica la *Teruá* y *Yud* la *Tekiá* final. Así, puede verse que *Tishrei* no es simplemente un nombre, sino que contiene un mensaje codificado en su interior que es descifrado por la Kabbalah.

¿Por qué ejecutamos la *Teruá* y el *Shevarim*? ¿Acaso no son inherentemente negativos? Comparémoslo con la vacuna que contiene un virus. Isaac y David no son malignos, pero personifican una medida de negatividad. Sin embargo, no toda la energía negativa es maligna; depende de la forma en que se utiliza esa energía. En efecto, utilizar la energía negativa es el único medio a través del cual podemos vencer al Satán. Por lo tanto, sólo incluyendo los canales negativos de Isaac y David se puede crear la vacuna. De esta forma, rodeamos a Isaac y a David con Avraham (el deseo de dar) y Jacobo (la fuerza de resistencia) y creamos una vacuna: un misil espiritual, un sonido invencible del *Shofar.*

Utilizando el ciclo de conexiones y el conocimiento que hemos adquirido, podemos destruir —o al menos disminuir— el poder del Satán que existe en el universo. Como sabemos, en la meditación kabbalística tratamos con dos aspectos. El primero es el aspecto personal que concierne sólo al individuo, y el segundo es el aspecto colectivo que se ocupa de la fragmentación que existe en el universo. Aun cuando sólo dos personas —o dos millones de personas— logran disminuir el poder del Satán, el universo entero se beneficia de sus acciones. Cuando la humanidad se encuentre en un estado de "ama a tu prójimo como a ti mismo", todo su sufrimiento humano desaparecerá.

Lo que muchas veces no permite a las personas de todas las religiones conectarse con el Deseo de Compartir es el hecho de que el universo está intensamente cargado de energía negativa. La intensidad de esta energía es tan fuerte que hasta las personas buenas caen en la trampa. Sin embargo, podemos crear un nuevo año como ninguno que se haya creado anteriormente. Cuantas más personas estén involucradas en la realidad verdadera sin ilusión física, y cuanto mayor sea la cantidad de personas que amplían su conciencia en vez de caer en el sueño profundo, más rápido seremos testigos de la llegada del Mesías, que anunciará la transformación de la humanidad.

En la sección nueve de *Las Puertas de la Meditación*, el Arí habla en detalle acerca del *Shofar* y los *Tekiot*. Pero Rav Jaim Vital, quien transcribió las enseñanzas del Arí, escogió la que creyó mejor para aclarar el tema. Por ejemplo: ¿Cómo está compuesta la palabra *Shofar*? שׁו (*Shin Vav*) equivale a

306 en la numerología. Junto con las 14 articulaciones de los dedos, que sostienen el *Shofar*, obtenemos 320 (se sabe que la razón por la que la mano se llama יַד (*yad*) es porque tiene 14 articulaciones en los dedos: tres en cada dedo y dos en el pulgar, lo cual suma 14). Puede verse que 306 + 14 = 320, que son las 320 chispas "*Shin Vav + Yud Dálet*", es decir, la Luz original que se reveló durante el Big Bang. Este fenómeno ocurre cuando la Luz viene hacia nosotros y la reflejamos. El concepto de reflejo es similar al de una vara de hierro golpeando a un canto rodado y produciendo chispas. De esta forma se crearon las 320 chispas, que fueron el origen de todas las almas del mundo.

¿Cuál es el significado de la palabra *Shofar*? El nombre en arameo de todas las entidades físicas del mundo indica su significado interno. La primera parte, las letras שׁו (*Shin Vav*), junto con las 14 articulaciones de los dedos, son las 320 chispas que nos conectan con el interior de todas las chispas de Luz del mundo.

Las dos últimas letras son פ (*Pei*) y ר (*Resh*). ¿Qué tiene de especial el animal llamado *pará* o toro? El Arí escribe que el significado yace en las "cinco *Guevurot* de las letras finales", es decir, las cinco "letras finales" del alfabeto arameo: ך ף ץ ן ם (*Mem Nun Tzadi Pei Caf*). Las letras en sí mismas son una ilusión, pero es importante que sepamos qué conciencia metafísica está incluida en ellas. Estos cinco niveles de *Guevurot* — los cinco grados de energía eterna de juicios— se despiertan y se revelan a través de ellas.

Guevurá actúa como el polo negativo de una bombilla de luz. Sin él, el flujo del cable eléctrico existe sólo en un estado potencial, y no puede ser utilizado. La *Guevurá* cierra el circuito y activa la luz. Esto es lo mismo que ocurre con las cinco "últimas letras". Antes del Pecado del Becerro de Oro, los Israelitas tenían acceso a estas letras y sabían cómo utilizarlas para manifestar la totalidad de la Luz que podía venir al mundo. Sin embargo, tras el Pecado del Becerro de Oro, ese conocimiento les fue arrebatado.

En la actualidad, ¿cómo puede manifestarse la totalidad del poder de la Luz? Puede lograrse a través del uso de estas cinco letras. Entonces, cuando se revele toda la Luz en el mundo, todo se volverá una entidad viviente y dejarán de existir objetos inanimados.

Por ende, con la ayuda de *mantsepaj* מ נ צ פ ך podemos lograr la resurrección de los muertos y activar una fuerza de continuidad en todas las áreas de la vida.

Las cinco letras finales son las cinco *Guevurot* que provienen de *Biná*. *Biná* es el almacén de energía del cual fluye toda la Luz que puede revelarse en nuestro mundo, y las cinco letras finales tienen la misma numerología que Pei Resh (=280) que es el canal de comunicación que permite la ejecución de la Luz de *Biná* en el mundo de *Maljut*. *Par*, el toro, junto con los cinco dedos que sostienen el *Shofar*, también está relacionado con el tema de la Vaca Roja.

Los cinco dedos representan la totalidad del Árbol de la Vida y, por lo tanto, son el conducto perfecto para el deseo de recibir. Si no tuviéramos dedos, no podríamos alcanzar nuestro deseo. Los cinco dedos son el medio a través del cual podemos agarrar el mundo entero.

De esta manera, la palabra en arameo *Shofar* contiene las 320 chispas de energía que existen en el universo y el toro. Las dos letras representan las chispas en sí y el dos representa el sistema de *Guevurot*, a través del cual todo se fusiona en un solo concepto llamado el *Shofar*. Por lo tanto, el *Shofar* se transforma de un objeto simple, un cuerno de carnero, a un aparato de comunicación para todas las chispas de vida en el universo, así como también un sistema de cinco *Guevurot* que hace reales a estas chispas en el mundo físico.

Ésta es la razón por la que usamos el *Shofar*. Tal como lo explica el Arí, es así como nos liberamos de toda la negatividad en nuestras vidas. Sería tonto imaginar que simplemente con decir "lo siento" bastara para esta tarea, ya que hacerlo no elimina ninguna energía negativa. Por el contrario, la única forma de eliminar la negatividad es eliminándola de todo el universo, puesto que si la oscuridad permaneciera en algún lado, todo el mundo se vería afectado por ella. El Arí explica que dado que *Biná* es el almacén de energía de la totalidad de la Luz, necesitamos la misma conexión con *Biná* para eliminar la oscuridad del mundo.

En la página 257 de *Las Puertas de la Meditación*, el Arí desmitifica específicamente el toque del *Shofar* describiendo la forma en que debe tocarse el *Shofar*, la secuencia en que debe hacerse y con qué meditaciones. Allí también explica cómo utilizar el *Shofar* para alcanzar los objetivos que hemos definido para nosotros mismos.

Tav Shin Resh Tav, Tav Shin Tav, Tav Resh Tav son los acrónimos para los distintos toques. En la primera sección tocamos *Tekiá-Shevarim-Teruá-Tekiá*; en la segunda, *Tekiá-Shevarim-Tekiá*; y finalmente, en la tercera, *Tekiá-Teruá-Tekiá*. Cada combinación contiene una *Tekiá* al inicio y al final. Esto rodea los juicios entre las columnas derecha y central, reduciéndolos y equilibrándolos.

Todo este procedimiento, que se llama tres veces *meyushav*, se repite tres veces. La primera secuencia de sonidos se llama *meyushav*, o establecidos, mientras que los siguientes sonidos se tocan durante la conexión de la *Amidá*. Tocamos las series *Tav Shin Resh Tav, Tav Shin Tav, Tav Resh Tav* tres veces durante la conexión silenciosa de la *Amidá* y después durante la repetición del rezo que realiza el líder de la conexión. El *meyushav* tiene 30 sonidos, la *Amidá* silenciosa otros 30 sonidos, y la repetición de *Amidá* 40 sonidos, lo cual da un total de 100 sonidos. ¿Por qué 100? Porque 100 es la totalidad del Árbol de la Vida (10 veces las 10 *Sefirot*), que equivale a un total de 100 paquetes de energía.

La comunicación tiene lugar a través de nuestro conocimiento y de la implementación de las meditaciones,

pues las acciones realizadas en el nivel físico irradian hacia el
nivel espiritual, hacia *Zeir Anpín* y *Biná*. Sólo si somos
conscientes y estamos informados acerca de lo que estamos
haciendo y del uso del *Shofar* podemos reducir y equilibrar el
Din y conectarnos con la totalidad del *Shofar*.

El Arí escribe que las letras en arameo הוהי (*Yud
Hei Vav Hei*) forman el Tetragrámaton; son su estado
potencial. Pronunciar los nombres de estas letras manifiesta
el nombre sagrado y lo conecta con nuestro mundo. A través
del *Shofar*, intentamos conectarnos con *Biná* para retornar
toda la energía ejecutada en la forma de juicios al almacén de
energía, ya que esta es la única forma en que podremos
eliminar la energía destructiva de nosotros mismos y del
universo.

El *Zóhar* dice que existe un conjunto de 100 sonidos
que deben tocarse con el *Shofar* y el Arí explica por qué: antes
de pronunciarlas, las letras *Yud Hei Vav Hei* se encuentran en
estado potencial. Su sonido las hace realidad. Es como si
estuviéramos colocando una vestimenta a las letras, y de esta
forma estuviéramos restringiéndolas. Tras acceder a las letras
y deletrearlas al completo, podemos pronunciarlas porque ya
no se encuentran en su estado potencial. La pronunciación
completa de las letras hace realidad su potencial oculto. *Biná*
está conectado con el Tetragrámaton. Las letras son ו (*Vav*)
Dálet, que completa a la *Yud*; *Yud* que completa a la *Hei*; *Álef
Vav*, que completa a la *Vav*; y *Yud*, que completa a la *Hei* final.
Los valores numéricos de todas las letras empleadas para
pronunciar la totalidad de las letras suma 37, que también es

el valor de ‫הבל‬ (*hevel*), o aliento; el mismo aliento que se necesita para tocar el *Shofar*. El toque es la vestimenta y la pronunciación, así como la pronunciación de las letras y las palabras. ‫סג‬ (*Sámej Guímel*) es 63, y es la descripción espiritual y potencial de la conexión a *Biná*. El resultado de la suma de las letras es: 37 + 63 = 100. Por lo tanto, a través del sistema de letras insinuado en el toque del *Shofar*, somos capaces de elevarnos a *Biná*.

El *Shofar* se transforma en una expresión física del gran *Shofar* espiritual, *Biná*, que incluye todas las chispas así como las cinco *Guevurot* que las ejecutan. La palabra ‫למעלה‬ (*lemaala*), o arriba, no significa "arriba en el cielo"; más bien, ‫עליון‬ (*elyón*), o superior, es algo que no tiene expresión material. En el momento en que algo se expresa de forma material, se ve restringido y minimizado.

Cuando nos enfocamos en algo, lo restringimos, de la misma forma que sucede cuando ajustamos el zoom de una cámara de fotos. Restringimos el campo de visión y, como consecuencia, vemos el área enfocada de forma más clara. En otras palabras, para poder ver un detalle más claramente, dejamos de ver las otras partes de la imagen. El mismo principio también enlaza el potencial espiritual y la realización de todas las cosas en el mundo. Si una copa estuviera conectada con la totalidad, por ejemplo, nos resultaría imposible llenar esa copa con agua, ya que en su estado infinito y completo la copa sería completamente espiritual. Por lo tanto, para crear una copa tenemos que tomar los átomos de la fuente de su ser, darles forma para que creen una copa material y en el proceso reducir los átomos a un estado limitado.

El toque del *Shofar* es descrito muchas veces como una "tradición", una forma de llamar la atención del Creador y lograr que Él nos mire con misericordia. Para aquellas personas que crean esto, el *Shofar* seguirá siendo no más que un simple y pequeño objeto. Para ellos, el sonido del *Shofar* no será más que un acto que se repite en cierto momento del año, y los objetivos que el Arí menciona se mantendrán lejos de su alcance.

El *Shofar* está construido con una pequeña apertura en uno de sus extremos y una apertura más ancha en el extremo desde el cual se emite el sonido. Cuanta más conciencia inyectemos, más lograremos con el *Shofar*, puesto que el objeto en sí mismo es un cuerno de carnero físico. Kabbalísticamente, por supuesto, no estamos tratando sólo con el cuerno de un carnero, sino también con su realidad metafísica. De esta forma, aumentamos su significado y su valor, y nos acercamos al gran *Shofar* que se halla oculto en su interior.

¿Por qué el Creador creó el cuerno de carnero con una apertura estrecha para la boca de quien toca el instrumento y una apertura de salida más ancha? La respuesta está oculta en el verso "En una situación desesperada llamé a *Hashem*". Antes de tocar el *Shofar* decimos este verso, y también otros como por ejemplo: קְרָע שָׂטָן (*Kra Satán*) (el segundo verso del *Aná Bejóaj*), que se interpreta como: "He llamado a

Dios desde un estado en el que vivo en opresión y necesidad". Se sabe que el Creador tiene muchos nombres, y *Yud* Hei es uno de ellos. Este verso aparenta ser un grito de ayuda por parte del devoto hacia el Creador del mundo. Sin embargo, el Arí revela que el objeto aquí no es realmente el rezo, sino una descripción de la estructura del *Shofar*.

El concepto de *Rosh Hashaná* se menciona en la Sección 29, versículo 1 de la porción de *Pinjás*, que dice: "Y en el primer día del mes séptimo tendrán una asamblea sagrada: no harán ningún trabajo de servidumbre; este será el día en el que se tocará el cuerno".

Sabemos que la *Teruá* es uno de los sonidos producidos por el *Shofar* en *Rosh Hashaná*. Los otros, *Tekiá* y *Shevarim*, no están mencionados explícitamente en la *Torá*. Tampoco describe la *Torá* la forma en que deben tocarse la *Tekiá*, la *Teruá* y el *Shevarim*. El pasaje anterior es el único verso que aparece en la *Torá* relacionado con el toque del *Shofar*. ¿Por qué es el único verso escrito sobre esta festividad tan importante? Las Lunas Nuevas, por ejemplo —que son mucho menos importantes que *Rosh Hashaná*— son mencionadas en muchas más ocasiones. Del mismo modo, la *Torá* trata con mayor detalle las festividades de *Pésaj* y *Shavuot*, pero cuando se trata de *Rosh Hashaná* es muy breve. ¿Por qué?

Rav Shimón tomaba al hombre que iba a ser el líder de la conexión y lo purificaba durante tres días. La persona que toca el *Shofar* debe encontrarse en un nivel todavía más alto de pureza que el líder de la conexión. Para que los misiles alcancen su objetivo, por muy perfectos que éstos sean, la plataforma de lanzamiento también debe funcionar perfectamente. Por eso Rav Shimón enfatiza la importancia del líder de la conexión, ya que éste actúa como plataforma de lanzamiento.

Toda la negatividad inyectada por las personas en el universo volverá un día a rendir cuentas con todas y cada una de ellas. De Rav Shimón extraemos que en *Rosh Hashaná* hay dos cosas muy importantes: primero, el entendimiento acerca de lo que está sucediendo, y segundo, que el líder de la conexión o la persona que toca el *Shofar* deben estar cualificados para esta tarea, ya que ella misma es el sistema.

¿Por qué Rav Shimón invertía tanto tiempo en entrenar al líder de la conexión y a la persona que tocaba el *Shofar*? Porque se enfrentaba a los mismos problemas a los que nos enfrentamos actualmente. La mayoría de la gente que no está involucrada en el estudio de la Kabbalah ve a *Rosh Hashaná* como una festividad que unifica a todo el mundo, no como el *Séder de Pésaj*, que parece unificar a la familia. Pero el hecho de que toda una familia al completo se reúna no significa necesariamente que esté unida. Para que una familia esté unida puede ser necesario que todos sus miembros se sienten juntos, pero el hecho de que lo hagan no logrará el objetivo. Sólo a través de la ejecución del Séder —que es un método que incluye rezos y otras actividades— se garantiza la unidad de la familia. Sin embargo, para *Rosh Hashaná*, la *Torá* no menciona la necesidad de estar juntos. Según Rav Shimón, el único versículo de la *Torá* que trata de *Rosh*

Hashaná indica que este día es un día de *Teruá*, es decir, de angustia y lamento.

¿Cuándo nos lamentamos? En ocasiones tristes y ante sucesos dolorosos. Entonces, esto es lo que está relacionado con *Rosh Hashaná*. Es un día que contiene una idea única, el concepto de *Teruá*. En este día las cosas se desarman, el mundo se pone de pie para ser juzgado. En contraposición con *Pésaj*, reunir a la familia en *Rosh Hashaná* no logrará juntar los pedazos. Por el contrario, éste es un día que permanece fragmentado. Durante este día no hay energía suficiente en el universo para que una reunión provoque un cambio. Si en este día no atacamos la conciencia negativa de *Din*, ésta nos perseguirá durante el resto del año. Y esta es la idea que Rav Shimón está enfatizando: sentarse y estar físicamente unidos en *Rosh Hashaná* no es suficiente para eliminar las huellas de nuestras acciones negativas pasadas, ya que esta actividad no puede eliminarse de ninguna otra forma que no sea mediante la conexión y el *Shofar*.

Por supuesto, no es suficiente con escuchar el toque del *Shofar*. Además, debemos concentrarnos conscientemente en la energía interna de cada sonido. Este asunto se discute en los comentarios bíblicos conocidos como la *Guemará*, en donde los Sabios llegan a la conclusión de que cumplir con los preceptos requiere intención y conciencia. Sin estas dos condiciones, el objetivo no puede lograrse. A modo de ilustración, la *Guemará* propone un ejemplo de una persona que no desea escuchar el *Shofar* pero que casualmente pasa por delante de una sinagoga en el momento en que está sonando. Otro ejemplo se refiere a un hombre que es obligado a comer *matzá* en *Pésaj*. ¿Se benefician estas personas del *Shofar* o del *matzá*? La respuesta es no.

Más que otras festividades, *Pésaj* está conectada con el mundo material, y el *Séder* es la expresión de ese vínculo. Sin embargo, en *Rosh Hashaná* nada está conectado con el reino físico. Para aclarar este punto, la *Guemará* nos recuerda que no bendecimos a la Luna Nueva en el Shabat antes de *Rosh Hashaná*. *Tishrei* es el único mes en el que no bendecimos la Luna Nueva en el *Shabat* precedente.

Existen muchas explicaciones para esto, y una de las más comunes nos recuerda que como en *Rosh Hashaná* está involucrado un aspecto de juicio, no queremos recordar a Dios ni a Satán la llegada del Día del Juicio. Por esta razón se dice que no lo mencionamos en el Shabat anterior a *Rosh Hashaná*.

Ésta es la explicación más frecuente; sin embargo, Rashi da una distinta: "La Luna no está aparente". Pero ¿se equivocó Rashi en esta afirmación? Si sales fuera en esta época del año, verás la Luna muy claramente. Entonces, ¿qué quiso decir Rashi? Él menciona una cita del Libro de los Salmos: "Toquen el cuerno al salir la Luna Nueva, el día de Luna Llena es el día de nuestra fiesta" (*Tehilim* 81:4). En este día la Luna está oculta. Pero si es así, ¿qué es ese objeto parecido a la Luna que vemos en el cielo? ¡Es una ilusión! Podría compararse con un pollo decapitado que continúa corriendo aun sin cabeza; ese pollo no está vivo, aunque veamos que se está moviendo. De la misma forma, el poder de la ilusión es muy fuerte en *Rosh Hashaná*, porque es el día en el que gobierna el juicio. La negatividad tiene el control y reina la separación. Ningún día es tan negativo como *Rosh Hashaná*.

Aun en el noveno día de *Av*, el día en que gobierna el Satán, existe un mecanismo de defensa. Después de todo, éste es el día en el que nace el Mesías. El noveno día de Av tiene un campo de protección y todo lo que debemos hacer es conectarnos con él. En *Rosh Hashaná*, en cambio, no existe un campo de protección, y no hay nada en lo que podamos confiar. En este día, hasta el Creador está sentado en el Trono del Juicio en lugar del Trono de la Misericordia. El noveno de *Av* tiene un aspecto positivo; en *Rosh Hashaná* no existe ni una pizca de positividad.

Una mirada más profunda sobre Rosh Hashaná

Rosh Hashaná está descrito en la *Torá* como "La fiesta del *Shofar*", la festividad que se celebra el primer y segundo día del mes de *Tishrei*. En Números 29:1 se lee: "Y en el primer día del mes séptimo tendrán una asamblea sagrada: no harán ningún trabajo de servidumbre; este será el día en el que se tocará el cuerno".

Según Ezequiel 30:1, el nombre *"Rosh Hashaná"* se refiere al comienzo del año. En Éxodo 12:2, está escrito: "Este mes (*Nisán*) será para ustedes el comienzo de los meses; será el primer mes del año para ustedes". A primera vista, esto puede parecer una contradicción: ¿Es *Tishrei* el primer mes del año, o es *Nisán*, el mes del Éxodo de Egipto?

¿Y cuál es el significado del nombre *Tishrei*? ¿Por qué existe el *Shofar*? ¿Por qué debemos tocarlo? Y una pregunta más: las festividades como *Pésaj*, *Shavuot* y *Sucot* se celebran en la Diáspora durante dos días; sin embargo, en Israel era posible celebrarlas durante un solo día, pues se conocía el momento exacto del nacimiento de la Luna. Entonces, ¿por qué *Rosh Hashaná* se celebra en Israel durante dos días? ¿Por qué un día no es suficiente?

El signo de *Tishrei* es Libra, y la palabra "Libra" en arameo, *moznaim* (balanza), puede ayudarnos a responder estas preguntas. Dicho de manera sencilla, el mes de *Tishrei* es un mes de juicio.

Los kabbalistas comprendieron que como el mes en cuestión es el séptimo, estamos tratando con el número siete. En este punto podemos enriquecer nuestro conocimiento con el lenguaje de la numerología, sin la cual no existiría la física ni la ciencia ni la Kabbalah. El séptimo mes es *Maljut*, la dimensión del Deseo de Recibir; y no hay una fuerza más intensa en todo el universo que este deseo de recibir del ser humano.

La significación de *Rosh Hashaná* reside en el equilibrio cósmico del signo de Libra. Según la Kabbalah, la vasija de una persona para recibir energía en el año venidero se basa en su actividad durante el año que acaba de finalizar. Además, la actividad de cada individuo afecta a la distribución de energía en el almacén universal. ¿Habrá energía para todos, o habrá algunas personas —Dios no lo quiera— que no reciban nada de energía?

Según el *Libro de la Formación*, el mes de *Tishrei* está regido por el planeta Venus. Esta combinación de Venus y Libra crea en *Tishrei* el Día del Juicio, el evento cósmico que nos permite eliminar el Pan de la Vergüenza. Pero, ¿se nos puede otorgar vida cada año sin que aceptemos la responsabilidad y sin que nos comprometamos a eliminar el Pan de la Vergüenza? Después de todo, nuestro "paquete" incluye un día en el tribunal con el Satán y con la evidencia que él ha reunido contra nosotros durante el trascurso del año anterior. El Creador, actuando como juez, no hace consideraciones misericordiosas en este día, aunque ciertamente la misericordia sea uno de Sus atributos.

El Día del Juicio es un evento cósmico que se determina en el momento de la Creación. En ese momento se examina cada alma para determinar si el cuerpo en el que se encuentra tiene el potencial de eliminar el Pan de la Vergüenza o si un año adicional no traerá más que inutilidad, es decir, no será más que una continuación del Deseo de Recibir Sólo para sí Mismo. ¿Para qué continuar si el cambio no es posible?

El tiempo es relativo, pues es distinto para cada persona. Lo importante es saber con qué llenamos nuestro tiempo. Se dice que hay personas que viven 70 años como si fueran un solo día y personas que en un solo día viven 70 años. Si año tras año no eliminamos el Pan de la Vergüenza, ¿con qué argumento vamos a solicitar energía para un nuevo año? En este caso, el alma no ha tenido éxito en la encarnación presente, por lo que es hora de que se mueva a otro cuerpo. Es posible que el alma quiera realizar la tarea, pero ¿cuál es el sentido de vivir bajo estas condiciones otro año más?

El Día del Juicio nos invita a reflexionar sobre nuestras acciones. Según el *Talmud*, en este día están abiertos tres libros: El Libro de la Vida, El Libro de la Muerte, y otro concerniente a aquellos que están en un punto intermedio y a quienes se les debe dar otra oportunidad. Para comprenderlo, primero debemos entender qué conexión tiene esto con la era en la que vivimos, la Era de Acuario.

Durante 2.000 años las personas han estado visitando sinagogas, especialmente en *Rosh Hashaná*, sin conocer prácticamente nada acerca del significado de la festividad. Tal vez esto haya sido aceptable durante siglos, pero hoy se plantean nuevas preguntas. El marco de referencia tradicional, que antes bastaba para la existencia de una religión, ya no logra mantenerse en la actualidad.

Una vez al año, el auditor cósmico llega para hacer recuento de la declaración de pérdidas y ganancias de cada individuo. El objetivo de este cálculo es examinar —basándose en las acciones del año anterior— si la continuación de la vida de cada persona será beneficiosa para su alma. El procedimiento es similar al de un debate en el que se debe determinar el futuro de una compañía en función de los resultados del balance anual de sus pérdidas y ganancias. Esto es lo que sucede en *Rosh Hashaná*: es el día en que se determina si la existencia de un cuerpo debe prolongarse o si el alma necesita un cambio de forma. El veredicto se basa primordialmente en nuestras acciones pasadas, que dan fe de la posibilidad de que la corrección o *Tikún* se realice en el futuro. Si existe esta posibilidad, el cuerpo recibe la energía adicional y se le concede la prolongación de su existencia durante otro año. Todo esto tiene lugar en el Día del Juicio. Podríamos decir, entonces, que alguien que entra en una sinagoga durante ese día y reza sin saber por qué puede compararse a una compañía que recibe un préstamo del banco pero que inmediatamente lo malgasta. No hay propósito en tal préstamo, puesto que la hoja de balance mostrará que los fondos adicionales no han producido ningún beneficio. Y si la balanza muestra un negocio insolvente, ¿para qué continuar con él? Entonces, ¿para qué rezar? ¿Para qué tocar el *Shofar*?

El código cósmico nos permite comprender cabalmente lo que sucede durante estos primeros días del mes de *Tishrei*. El séptimo mes está relacionado con *Maljut*, el Deseo de Recibir, que durante este mes se ve sometido en el banquillo de los testigos a una interrogación sobre las acciones del año anterior. Debido a que el Deseo de Recibir está en juicio y a que la vida humana es, de hecho, una expresión del Deseo de Recibir, cada persona es juzgada de esta forma durante el séptimo mes.

Durante este juicio, cada persona contempla una grabación de todas sus acciones del año anterior. El fiscal intenta demostrar que la entidad en cuestión está fallando. Nosotros, por el contrario, esperamos tener otra oportunidad, aun cuando la balanza muestre que la evidencia para justificar nuestras esperanzas es escasa. Entonces, en el primer día de *Tishrei*, Satán —el fiscal— pide la sentencia de muerte. Por lo tanto, si la balanza de la justicia indica que hemos fracasado, ¿qué podemos hacer? La respuesta es: podemos tocar el *Shofar*. Pero, tal como hemos mencionado, el solo acto de tocar el *Shofar* no es suficiente. Si no conocemos el poder del *Shofar* y no tenemos la clara intención de atraer ese poder a nuestras vidas, no podremos establecer la conexión.

Ahora bien, ¿por qué el juicio se lleva a cabo el primer día del signo de Libra? El *Zóhar* revela que el Sol y la Luna fueron creados en el cuarto día, pero que a la Luna se le ordenó que permaneciera oculta. En este día, la Luna — *Maljut*, el Deseo de Recibir— no tenía Luz. Por lo tanto, el primer hombre nació con un Deseo de Recibir que estaba oculto a la Luz. Y ésta es la razón por la que el juicio tiene la oportunidad de expresarse en la corte durante ese día.

El origen de la palabra *moznaim* —que significa equilibrio o balanza (también Libra)— es *ozen* u oído. Pero, ¿qué tienen que ver las balanzas con el oído? El oído tiene tres pequeños huesos que hacen posible la audición. Y la razón por la cual tiene tres partes deriva de su relación con *Biná*, que es el próximo paso en la evolución humana y la combinación de tres partes: "derecha", "izquierda" y "central".

Biná representa el almacén de energía del que derivan todas las formas de energía cósmica. Y cuando el *Libro de la*

Formación se refiere al mes de *Tishrei* como el mes de Libra (balanza), nos está dando una pista sobre lo que podemos hacer el Día del Juicio cuando nuestro balance es negativo. El *Libro de la Formación* también apunta que la letra en arameo ל (*Lamed*) creó a *Tishrei* y a Libra, y por tanto no es casualidad que esta letra esté formada por tres componentes: superior, medio e inferior. Esto revela el "secreto de tres" que representa a los tres libros que se abren en *Rosh Hashaná*: el Libro de la Vida, que es la columna derecha; el Libro de la Muerte, que es la columna izquierda; y el libro intermedio o columna central. Según el *Zóhar*, nuestro objetivo en *Rosh Hashaná* es nada menos que atacar al Satán, que es la esencia de nuestra actividad negativa y puede ocasionar nuestra muerte. Tal como especifica el *Zóhar*, si tenemos éxito en engañar al Satán en *Rosh Hashaná* mientras él presenta su caso contra nosotros —si evitamos que presente nuestra información negativa— podremos recibir automáticamente una inyección de energía desde *Biná*.

Ahora examinemos otra pista que la *Torá* pone ante nuestros ojos. Si bien llamamos a esta festividad "*Rosh Hashaná*", la palabra *rosh* (cabeza) expresa más que el concepto de un comienzo. *Rosh*, en el sentido kabbalístico, significa la infusión máxima de energía, la cabeza del ataque energético. De ahí que en este día podamos encontrar la energía necesaria para todos los seres humanos y para todo el año. Todos y cada uno de nosotros debemos encontrar esta energía y luego dirigirla para que nos permita vivir nuestras vidas diarias en paz y tranquilidad.

Biná es el depósito de energía y entendimiento a partir del cual comenzó el mundo. Tal como está escrito en el primer versículo del Génesis: "En el comienzo Dios creó el cielo y la tierra". Pero, ¿no se creó el cielo en el cuarto día? ¿Qué es el cielo si no el universo y los cuerpos celestes dentro de él? ¿Por qué el primer versículo ya habla del cielo y de la tierra? Con respecto a la tierra, en el versículo 1:9 del Génesis —que describe el tercer día de la Creación— se lee: "Dijo Dios: 'Acumúlense en un lugar las aguas que quedan bajo el cielo y aparezca lo seco'".

Para comprender esto, primero hay que recordar que la *Torá* es un código. Por lo tanto, consideremos lo siguiente: "En el comienzo (*Bereshit*), [Dios] creó (*bará*)". La palabra Beresheet contiene el término *rosh* (cabeza) porque es el comienzo. Pero, ¿dónde estaba el comienzo? La palabra *bará* es un código para la energía almacenada en *Biná*. Pero ¿qué es *Biná* y por qué es tan importante que entendamos su significado en relación con nuestras vidas?

Durante todo el proceso de Creación hay dos aspectos: cielo y tierra; sin embargo, éstos no se refieren al cielo y la tierra físicos. Es importante entender esta distinción, porque en ella radica la división entre ciencia y religión, una falsa dicotomía que ha persistido a lo largo de los tiempos. A decir verdad, no hay una contradicción real entre la *Torá* y la ciencia.

Pero, ¿cómo es posible que el mundo se haya creado en seis días, según está escrito, y sin embargo exista desde hace

5.765 años? ¿No contradice esta noción los descubrimientos científicos? La respuesta es no. Cuando hablamos de los días de la Creación, no nos referimos al tiempo en un sentido lineal. El cielo y la tierra que se mencionan aquí son *Zeir Anpín* y *Maljut*, el Sol y la Luna: la energía del Deseo de Compartir y la del Deseo de Recibir. En el origen, estas energías se crearon con la configuración de la conciencia del pensamiento, sin realización material, y a esto se refiere la Creación. Los siete días, por tanto, no están relacionados de ninguna forma con los "días" en el sentido convencional del término.

En el versículo 1:27 del Génesis, que trata acerca de la creación del hombre y la mujer, dice: "Y creó Dios al hombre a imagen Suya, a imagen de Dios lo creó, varón y mujer los creó". Sin embargo, sabemos que en el Génesis 2 se cuenta la historia de la Creación del hombre; allí, en el versículo 7 se lee: "Entonces formó Hashem al hombre del polvo de la tierra y sopló en su nariz aliento de vida, y fue el hombre un ser viviente". Luego, el versículo 18 dice: "Entonces Hashem Dios dijo: 'No es bueno que el hombre esté solo; le haré una ayuda idónea para él'". Y el versículo 21 narra cómo Eva se creó de la costilla de Adán. Pero, ¿no había ocurrido esto en Génesis 1? Según la Kabbalah, el capítulo 1 del Libro del Génesis se refiere al pensamiento puro, a la Creación con la configuración del pensamiento conciencia.

Pero, ¿qué significa realmente la "creación del pensamiento"? La respuesta es que es similar al de la Creación del Hombre. Antes de hacer algo —cualquier cosa— debe existir un pensamiento previo a su realización. Génesis 1 se refiere sólo a la energía pura del pensamiento. Sin embargo, en el cuarto día hay una separación entre *Zeir Anpín* y *Maljut*, es decir, entre la energía del pensamiento del deseo de dar y aquella del deseo de recibir. Y es allí donde se origina la separación. Así es el hombre, el mismo que ha olvidado su objetivo, la esencia del cual es cómo recibir. Pero sin los polos positivo y negativo no puede haber un circuito eléctrico. Y eso fue lo que se creó durante el primer día: lo positivo y lo negativo. Y ambos eran iguales: por un lado, el Deseo de Recibir (negativo), y por el otro, el Deseo de Compartir (positivo). En el cuarto día, *Maljut* se separó del Deseo de Compartir, y éste es el primer día de *Rosh Hashaná*. Y fue allí donde nació la conciencia negativa del Deseo de Recibir Sólo para sí Mismo.

En consecuencia, Satán —la pura energía negativa del Deseo de Recibir Sólo para sí Mismo— nació también en ese mismo día. Sin embargo, es importante entender que la creación de Satán y de la energía negativa era necesaria, puesto que si hubiéramos estado completamente equilibrados —si hubiera habido un perfecto equilibrio entre el Deseo de Compartir y el Deseo de Recibir— ¿cómo habríamos eliminado el Pan de la Vergüenza? No hay que olvidar que la razón de nuestra existencia es la eliminación del Pan de la Vergüenza. Nuestro único objetivo en la vida es crear un equilibrio interior. Y sólo cuando este equilibrio interior existe podemos conectarnos con la reserva universal de energía de *Biná*, que nutre tanto a *Zeir Anpín* como a *Maljut*. Ahora, si el balance de nuestro comportamiento pasado es negativo —es decir, si hemos dejado que los últimos 365 días fueran fragmentados y desconectados del Deseo de Compartir— entonces aparecerá Satán. Por lo tanto, podemos ver que en *Rosh Hashaná* —en el cuarto día de la Creación— se creó la disociación entre el Deseo de Recibir y el Deseo de Compartir, y fue entonces cuando apareció Satán y comenzó a perseguirnos.

Cuando conectamos con *Biná* —el reino de la Creación, el almacén de energía— estamos enviando una petición de una reserva de energía para el año venidero. Pero si hemos creado caos dentro de la estructura cósmica, ¿podemos pedir apoyo energético del universo para nuestras acciones? Suponiendo que sí, ¿qué debemos hacer con la evidencia reunida contra nosotros? ¿Cómo se concibe que, sin una conexión física, podamos entrar en el dominio extrasensorial del universo e inclinar el lado negativo de la balanza —el cual nos impide acceder al almacén de energía— a nuestro favor? No es algo fácil de comprender.

La Kabbalah se ocupa de las tecnologías para controlar la dimensión espiritual del universo, una dimensión que sólo el alma puede percibir. Nuestros cuerpos físicos no tienen idea de la naturaleza de estas fuerzas. El poder de una bomba nuclear no puede siquiera compararse con el gran poder del universo, que es una fuerza mucho más poderosa que la del Sol. Pero, ¿podemos controlar esta fuerza? La respuesta es que sí podemos, ya que el objetivo de la Creación es dar poder al hombre para que lo controle todo y elimine así el Pan de la Vergüenza. Si hubiera algo que el hombre no pudiera controlar, ¿cómo podría controlar su destino? El hombre podría acercarse al Creador y decirle: "has creado el universo de forma tal que no tengo posibilidad alguna. Me has creado como un Escorpio o un Leo y no tengo modo de controlar las influencias cósmicas que influyen en este signo. ¿Debo, por tanto, sentirme responsable de mis acciones?".

La respuesta a esta pregunta es sí. Nos corresponde aceptar esta responsabilidad, ya que todo lo que existe ha sido creado de manera que dispongamos de libre albedrío con respecto al destino del universo. Por lo tanto, si el universo entra en caos, es sólo como resultado de la actividad humana. El hombre tiene el pleno control del universo, ya sea de forma consciente o inconsciente. El Arí explica que cuando actuamos según el Deseo de Recibir Sólo para sí Mismo, estamos creando entidades de energía negativa que al final vuelven para formar nuestro ADN físico y espiritual. Por consiguiente, cuando tiene lugar un hecho o una circunstancia triste, no tenemos a nadie a quien culpar excepto a nosotros mismos. Ciertamente, este enfoque es contrario al de otras escuelas de pensamiento, religiosas o de cualquier otra índole. Pero hasta que comprendamos la verdadera naturaleza de la realidad, nunca estaremos del todo protegidos, ni como especie humana ni como seres humanos individuales.

Rosh Hashaná es un día que abarca un ciclo completo de 365 días, ya que cada año recrea la condición del Génesis 1, cuando dimos vida al Deseo de Recibir Sólo para sí Mismo. También debemos preguntarnos por qué existe un ciclo de

365 días, a lo cual la *Torá* responde que hay 365 fuerzas negativas en el universo, las cuales se expresan en las 365 restricciones de la *Torá*. Cada una de estas restricciones — por ejemplo, "no robarás"— es un código que representa a estas fuerzas negativas. Cada día del año tiene su propia fuerza negativa conectada con el Deseo de Recibir Sólo para sí Mismo. De hecho, si examinamos con detenimiento los días en que se cometieron ciertos crímenes a lo largo de la historia, podremos empezar a discernir una pauta. También descubriremos una pauta o modelo con respecto a las horas en que tienen lugar algunos hechos negativos. Por ejemplo, se ha descubierto que la mayoría de los crímenes se llevan a cabo entre las 17:00 y las 19:00 horas. Estas son las horas antes de la puesta del Sol y la Kabbalah enseña que el Sol se pone no por su posición astronómica, sino debido a la energía negativa que está presente después del mediodía y que alcanza su nivel máximo durante la puesta de Sol. En otras palabras, hay una fuerza espiritual en funcionamiento.

La mayoría de las personas se siente mejor durante la mañana. ¿Cuál es el motivo? ¿Es porque el Sol brilla? ¿Y por qué brilla? Los kabbalistas explican que la mañana está bañada por la energía cósmica positiva llamada Jésed —el Deseo de Compartir—, y que compartir revela energía. El deseo negativo de recibir para uno mismo limita la reserva universal de energía impidiéndole entregar toda la energía que ésta querría dar. La intención del Creador no era crear dolor y sufrimiento para la humanidad, sino que cada día se crea una fuerza negativa diferente para que podamos eliminar nuestro Pan de la Vergüenza. Si no existiera un solo día en el que tuviera el deseo de robar, sería siempre un "buen chico", pero sólo porque nada me motivó a actuar en otra dirección. Existen fuerzas en el universo que pueden hacer que ciertas personas, y no otras, tengan el deseo de robar. Por lo tanto, al final del ciclo de 365 días, volvemos a *Rosh Hashaná*, que es el Día del Juicio, el Día de la Oscuridad, el día en el que debemos implorar misericordia. Lo único que se tiene en cuenta este día es el balance de nuestras acciones.

Nos hemos preguntado por qué *Rosh Hashaná* dura dos días. El *Talmud* responde: *Yomá arijtá* ("es un largo día", en arameo). En efecto, *Rosh Hashaná* es un día largo. Entonces, ¿un día tiene 24 ó 48 horas? ¿Por qué de repente un día tiene 48 horas? Hemos visto que a cada día del año se le ha otorgado una energía negativa específica. Según el Arí, estas energías negativas están separadas en dos categorías, una de las cuales se denomina "juicio severo". Ésta es la parte más dura del Deseo de Recibir Sólo para sí Mismo, que abarca el odio, el asesinato y otras restricciones terribles. Si el primer día no logramos destruir la energía negativa del Deseo de Recibir Sólo para sí Mismo mediante el *Shofar*, entonces el almacén de energía denominado *Biná* permanecerá cerrado.

El segundo día de *Rosh Hashaná* representa un aspecto diferente del Día del Juicio, pues está relacionado con los juicios "más suaves". Todo aquel que no logra pasar el primer día —por ejemplo, alguien que sintió odio sin motivo— definirá su destino durante este segundo día. Sin embargo, si en el Libro de la Vida dice que nos hemos esforzado por vivir conforme a la frase "ama a tu prójimo como a ti mismo", no tendremos que enfrentarnos a la batalla más dura. Sin embargo, todavía queda una batalla por pelear. Por lo tanto, si una persona no se ocupó del dolor de otras personas a quienes podría haber ayudado, o si ha accedido de alguna otra forma al Deseo de Recibir Sólo para sí Mismo, debe ser consciente de lo que le espera. Porque cuando esa persona se acerca al almacén de energía y solicita energía para todo el año, el Encargado del almacén se ve obligado a debitar de su cuenta la cantidad correspondiente a las pequeñas tareas que no ha completado. Esto sucede en el segundo día, que se ocupa de acciones menos negativas que las juzgadas el día anterior. En cualquier caso, siempre debemos pagar por estas injusticias; éstas han sido debitadas, y es nuestro deber pedir que se nos acrediten.

Nuestra tarea general en *Rosh Hashaná* es, en definitiva, asegurarnos de que el año que se inicia esté lleno de energía positiva, sin ninguna clase de caos. Esta festividad brinda a todos los seres humanos la oportunidad de dar forma a sus vidas durante los siguientes 365 días. Es para cumplir este propósito que se necesitan dos días de batalla. En la tierra de Israel, muchas festividades —incluyendo *Sucot*, *Pésaj* y *Shavuot*— se celebran sólo durante un día. Esto es distinto a lo que ocurre en la Diáspora, donde todas las festividades se celebran durante dos días. *Rosh Hashaná* es una excepción porque se celebra durante dos días incluso en Israel.

Por lo tanto, *Rosh Hashaná* tiene dos días, del mismo modo que todos tenemos un alma y un cuerpo, que una taza tiene un interior y un exterior, y que todas las cosas tienen un aspecto físico evidente y un aspecto espiritual oculto.

En los tiempos del Templo, *Rosh Hashaná* se celebraba sólo durante un día porque en aquella época las conexiones tenían el poder de elevar el cuerpo físico de las personas a un nivel superior de conciencia, al Mundo de la Formación. En los días del Templo, cuando los Israelitas moraban en la Tierra de Israel, atraían y transmitían abundancia espiritual no sólo a todas las naciones del mundo, sino también al universo entero. La paz y la armonía son el resultado obligado del ascenso a la realidad espiritual del 99%.

Pero, ¿por qué es así? Consideremos el delito del robo. ¿Para qué robar si el único beneficio que se puede obtener del robo pertenece al mundo limitado del 1%? Uno no puede robar felicidad, salud ni amor. Nuestros Sabios, en cambio, tuvieron éxito en atraer estos elementos a sus vidas tan solo aplicando el conocimiento kabbalístico incluido en la *Torá*. Nosotros estamos siguiendo sus pasos con unas intenciones y objetivos similares. Sin embargo, como hoy en día el rezo por sí mismo no puede elevar la conciencia física al Mundo de la Formación, contamos con métodos adicionales que pueden asistirnos en este proceso.

La palabra en arameo *Tefilá* (rezo) deriva de la palabra *Tafel* (blando). La actividad práctica de cumplir una *Mitzvá* está conectada con el Mundo de la Acción; por tanto, su efecto en el cuerpo físico es mayor. Al respecto, el *Zóhar* describe una reunión que tuvo lugar entre Yanuka, el hijo de

seis años de Rav Hamenuna Saba (también llamado el Gran
Pez), y varios estudiantes de Rav Shimón. Ese día, Yanuka,
quien podía ver más allá del tiempo y del espacio utilizando
la Inspiración Divina, no saludó a los estudiantes porque
sabía que durante aquella jornada no habían recitado la
lectura del *Shma*. En respuesta, los estudiantes dijeron que
habían estado ocupados desde la mañana recolectando
contribuciones para una boda y ayudando a enterrar a un
fallecido, y se sabe que *"quien realiza una Mitzvá, está exento
de otra Mitzvá"*. La ocupación práctica con *Mitzvot* había
eximido a los estudiantes de rezar aquel día. Su trabajo
espiritual había logrado lo que hubiera intentado lograr el
rezo, y más.

En el primer día de *Rosh Hashaná* asciende el aspecto
interno de nuestras almas, y en el segundo día, el aspecto
externo. Esto significa que nuestra conciencia asciende
primero y nuestra manifestación física la sigue. Es como
arrojar una piedra al agua: aunque ya se haya arrojado, las
ondas no aparecen hasta que la piedra toca la superficie. Para
recibir el efecto completo de *Rosh Hashaná*, la ascensión
espiritual debe realizarse tanto con la conciencia como con el
cuerpo.

¿Pero por qué el juicio severo, el relacionado con las
infracciones y disturbios más serios de la vida, tiene lugar
durante el primer día? La razón es la siguiente: puesto que
ese día no hay revelación real de Luz (la Luz está únicamente
en estado potencial), no puede haber influencia en el mundo
físico. Por lo tanto, la ley de restricción está activa, y esta ley

determina que el potencial permanecerá oculto. En el momento en que la piedra abandona la mano y vuela hacia el agua, los círculos concéntricos ya han comenzado a formarse pero sólo en estado potencial, igual que una semilla contiene potencialmente un árbol y su fruto. Tanto el árbol como el fruto ya existen en el reino del 99%, pero todavía no están presentes en el reino físico, y por ende no son visibles aún.

Efectivamente, el ojo está limitado, en el sentido que sólo puede ver las cosas una vez se han materializado. Es más, si dos personas observan un mismo hecho, cada una podrá atestiguar haber visto una escena diferente. Esto se debe a que el reino del 1% nunca pierde su propiedad de restricción. Nuestra conciencia, sin embargo, percibe los acontecimientos en su estado potencial. En realidad, la mente "ve" el suceso antes de que ocurra, y de hecho el suceso en sí mismo es una reconstrucción que tiene lugar según la impresión de la mente más que según lo que el ojo ha visto.

Recordemos que dentro del mundo ilimitado del 99% la energía espiritual no está limitada por el tiempo, el espacio ni el movimiento. Una persona puede visualizar un canal particular de acontecimientos, mientras otra puede observar un canal completamente distinto. Dado que el ojo no puede detectar la información que no fue antes evidente para la mente, cada espectador ve los detalles de un acontecimiento de forma distinta. Además, el ojo restringe la imagen de lo que la mente ve. ¡Una gran paradoja!

Nos equivocamos al pensar que nuestros ojos nos permiten ver la realidad verdadera. Rav Shimón también observó con sus ojos y rezó, pero este rezo no le impuso las mismas restricciones que impone a la mayoría de las personas. El rezo limita aquello que el alma ha experimentado previamente porque, tal como sucede con el ojo, debe imponerse una restricción al potencial para que el alma descubra la Luz en la realidad física.

En el primer día de *Rosh Hashaná*, el alma ya ha ascendido al Mundo de la Formación, más allá de los límites de la influencia de Satán. Pero la realidad física debe seguir existiendo, porque sin ésta y sin el dispositivo de ayuda llamado rezo no podemos manifestar la revelación del 99%. Cuando rezamos, se disminuye el logro espiritual previo. Por lo tanto, quizá sea mejor que no recemos. Repito, se trata de una paradoja: sin la vista, nada puede revelarse y todo debe permanecer en un estado potencial. Mientras nos encontremos en el Mundo de Acción, nada puede lograrse con tan sólo la ascensión de la conciencia del alma.

Al examinar los sentidos, descubrimos que la vista es aun más limitada que el olfato, puesto que el sentido del olfato informa de la presencia de una sustancia u otra. Uno puede, por ejemplo, distinguir fácilmente entre el humo de un fuego y el olor de un bistec. Pero en la retina, el ojo muestra una imagen invertida de la realidad, muestra las cosas en un estado que difiere de su estado verdadero. Por consiguiente, la vista está sujeta a una mayor limitación que el olfato. El primer día de *Rosh Hashaná* se aplica una restricción específica porque el cuerpo todavía no se ha reunido con la conciencia espiritual del alma. En este punto, el ojo y todos los demás aspectos de la naturaleza física permanecen en su estado más bajo. Sin embargo, esto es también una ventaja, es tanto un paso hacia atrás como un paso adelante. La restricción en el primer día es que no hay un ascenso de la realidad física; todo lo que vemos, escuchamos, olemos, saboreamos y sentimos no ha ascendido espiritualmente. Pero cuando *Maljut* está en su estado más físico, la revelación potencial de Luz es más grande. Por tanto, ese aspecto de restricción es al mismo tiempo más revelador. Cuanto mayor es la restricción, mayor es la revelación.

Cuando no vemos los detalles pequeños, podemos ver todo el cuadro completo en nuestro campo de visión ampliado. La mejor forma de lograr la perspectiva total es moviéndonos constante y velozmente hacia atrás y hacia delante, enfocando y desenfocando la imagen antes de que cada ángulo de visión nos imponga su limitación. Porque entonces nunca llegamos a ver una imagen concreta. En el momento en que vemos una imagen específica, ya hemos impuesto una restricción sobre nosotros mismos; antes de hacerlo, veíamos más. Es por este motivo que el primer día de *Rosh Hashaná* es un día de juicio severo; porque sin el ascenso del cuerpo y sin *Maljut*, nada puede revelarse. Volviendo a la metáfora de la piedra, es como si al arrojarla al lago la interceptara un bote que justo pasara por allí. Puesto que la piedra nunca tocará el agua, las ondas concéntricas que potencialmente ya comenzaron a existir nunca se revelarán. El primer día está conectado a la columna izquierda, a Caín o el juicio severo. En cierto sentido, la realidad física no impone restricciones. No revela nada, pero al mismo tiempo no tiene restricción.

Ahora tenemos una visión más amplia y una mayor comprensión sobre este tema. En el primer día de *Rosh Hashaná*, una persona tiene sensaciones internas desenfocadas relacionadas con las injusticias que ha cometido durante el año, aunque nunca sabrá ni experimentará el pleno alcance de sus efectos. Supongamos, por ejemplo, que hemos cometido una ofensa contra un hombre que es dueño de varias fábricas, y que como resultado el hombre ha decidido retirarse del negocio y cerrar sus fábricas. En el nivel físico hemos ofendido a una sola persona, pero en el nivel del 99% hemos sido la causa de que miles de personas se quedaran sin trabajo, cada una de las cuales posee una familia. Las ondas concéntricas de nuestras acciones alcanzan dimensiones tan vastas que somos incapaces de imaginarlas.

Esto es exactamente lo que sentimos y cómo somos juzgados en el primer día de *Rosh Hashaná*, ya que en ese día no estamos limitados por la realidad del 1%. Por lo tanto, este es un día de juicio severo. Como durante ese día no vemos nada específico, no estamos restringidos a la persona que hemos ofendido directamente. En este primer día no hay ascenso espiritual de la percepción física; por lo tanto, no hay restricción intelectual en la percepción espiritual y podemos conectarnos con el alcance completo de las consecuencias de nuestras acciones del año anterior. En cierto sentido, cada acción negativa —cada acción que causa dolor o daño a otros o a nuestro entorno— atrae Luz al mundo sin la preparación previa de una vasija apropiada para contenerla y revelarla.

La atracción de la Luz se denomina con la palabra en código "*Guevurot*" (poder, fuerza) y la forma desenfrenada en que la Luz se ve obligada a revelarse se denomina con la palabra en código "juicio". Si no hay una vasija apropiada disponible para contener y revelar la Luz de manera equilibrada, ésta se manifiesta en forma de daño o sucesos dolorosos. Como el universo al completo está conectado con la energía cuántica, cada juicio y Guevurá afecta desfavorablemente a todo el mundo, a menos que se restrinja y se equilibre.

A fin de poder tratar con la energía desequilibrada que hemos atraído durante el año a través de nuestras acciones— intencionales o no—, las *Guevurot* deben equilibrarse y los juicios deben restringirse. Esto puede llevarse a cabo tocando el *Shofar*, siempre que se haga con el debido procedimiento y utilizando las meditaciones que nos enseñaron Rav Shimón bar Yojái y el Arí.

Ahora bien, *Rosh Hashaná* cae en el séptimo mes. ¿Es éste el mes en que se creó el mundo? En realidad, ¡el mundo se creó cinco días antes de *Rosh Hashaná*! El Arí y el *Zóhar* revelan que en *Rosh Hashaná* nació el primer ser humano; por lo tanto, en ese día, celebramos el cumpleaños del hombre. En tal sentido, todos los seres humanos deberían celebrar *Rosh Hashaná*, ya que todos somos chispas del aliento de ese primer hombre, y por tanto todos compartimos esta misma fecha de cumpleaños. Si esto es así, borremos por un momento de nuestras mentes la idea de que existe alguna conexión entre la Creación del mundo y *Rosh Hashaná*, y reemplacemos este pensamiento por una comprensión de la conexión que existe entre *Rosh Hashaná* y el origen de la especie humana.

¿Qué sucedió el día del origen? El Arí explica claramente que el día en el que se creó el primer hombre —el día seis—, éste pecó y también sucedieron muchas otras cosas. Ese día el hombre "cayó" y fue desterrado del Jardín del Edén como castigo por su pecado. Pero todos caímos en aquel día, todos participamos del pecado porque todos estábamos allí, dentro del alma de Adán. Como resultado, la caída del primer hombre llevó a la caída de todo el mundo. La Kabbalah nos dice que la altura de Adán antes del Pecado era de 100 pies. Sin embargo, desde su caída, todas las criaturas del mundo —incluyendo al hombre— han disminuido proporcionalmente de estatura. El equilibrio del universo se modificó y todas las criaturas se volvieron enanas en la misma proporción. Asimismo, algunas criaturas se volvieron poco frecuentes, aunque no llegaron a desaparecer. En cada generación, al menos un macho y una hembra de cada clase y especie animal y vegetal continúan existiendo hasta hoy. Nada ha desaparecido ni se ha extinguido desde la Creación. Los representantes de la preservación de las especies declaran que a menos que se apliquen ciertas medidas de precaución, algunas especies desaparecerán de la Tierra; sin embargo, no existen pruebas de sus declaraciones. Ésta es una enseñanza básica de la Kabbalah.

El día en que Adán cayó, todos caímos. Y no sólo caímos en nuestras dimensiones físicas, sino que también caímos de nuestra dimensión espiritual.

¿Cuál es la diferencia entre la esencia espiritual y la esencia física? En Génesis 1:27, está escrito: "Y creó Dios al hombre a imagen suya; a imagen de Dios lo creó; varón y mujer los creó". Todo esto sucedió en el sexto día de la Creación, que es *Rosh Hashaná*, el primer día de *Tishrei*. En Génesis 1 se describe la creación del Mundo de la Verdad, la Realidad del 99%. Los términos "hombre" y "mujer" se refieren a los aspectos masculino y femenino tales como la Luz y la Vasija, más que a Adán y Eva; quienes, según lo descrito en Génesis 2, se crearon a partir del polvo.

En el capítulo del Génesis 2:21 se lee: "Entonces Hashem Dios hizo caer un profundo sueño sobre el hombre, que se durmió; y le quitó una de las costillas y cerró con carne el lugar vacío". ¿Pero realmente actuó el Creador según los procedimientos de una sala de operaciones quirúrgicas? ¿No podría haber creado a Eva sin anestesiar ni operar a Adán? ¿O vivió Adán una experiencia en la que se le extrajo el aspecto femenino de su cuerpo y este aspecto se hizo realidad en un segundo cuerpo? A decir verdad, en *Rosh Hashaná* muchos de nosotros vivimos una experiencia similar en la que el alma abandona el cuerpo, aunque la mayoría de nosotros no lo sabe. De hecho, mientras dormimos cada noche abandonamos el cuerpo para descansar y renovarnos para el día siguiente.

Cuando una persona se siente fatigada, ¿qué es exactamente lo que se ha cansado? El alma no se cansa, los átomos tampoco. La fatiga, igual que otras limitaciones del cuerpo físico, es una expresión del Deseo de Recibir del cuerpo. Sin embargo, esta limitación no restringe la cualidad interna del hombre. Cuando Rav Akivá sentía hambre, le decía a su cuerpo: "Ve y come. Cuando hayas comido suficiente, avísame. Mientras tanto, yo te miraré desde el costado y me ocuparé de otras cosas". El "yo" que hablaba al cuerpo estaba conectado con el Árbol de la Vida.

El *Zóhar* explica que un hombre tiene dos cuerpos: uno espiritual, conectado con el Árbol de la Vida, y otro físico, conectado con la ilusión de limitación, restricción y enfermedad. Cuando dormimos, el alma se libera de las restricciones del deseo físico, y en este estado de libertad puede recargarse y refrescarse con la energía del reino del 99%. Por lo tanto, el sueño libera tanto el alma como el cuerpo. Cuando se creó la tierra, todas las herramientas del hombre tenían que ganar la batalla contra las fuerzas negativas que también se crearon. La razón por la que el hombre no ha ganado esta batalla es que no es consciente de estas herramientas y, por lo tanto, no las utiliza.

Separación (*Nesirá*) es una palabra que se usa para describir una experiencia espiritual en términos físicos, especialmente la experiencia del alma cuando abandona el cuerpo. Para aclarar este concepto consideremos un ejemplo de muerte clínica. Imaginemos un hombre que está siendo operado: de repente, los dispositivos de monitoreo indican que ha dejado de respirar, que su corazón ha dejado de latir y su actividad cerebral ha cesado. Desde el punto de vista médico, esa persona está clínicamente muerta; sin embargo, después de diez minutos, cuando el personal médico está dispuesto a abandonar sus esfuerzos por revivirlo, el hombre retorna a la vida inexplicablemente.

Al despertar, el hombre explica al personal médico todo lo que ha sucedido en la habitación a su alrededor mientras se suponía que estaba muerto; le señala a cada médico el lugar exacto que ha ocupado y las palabras que ha pronunciado. Pero ¿cómo ha podido escuchar estas conversaciones y ver todo lo que estaba sucediendo, si sus ojos estaban cerrados y su cerebro no estaba funcionando?

Desde una perspectiva kabbalística, sabemos que durante estos diez minutos el alma y las cualidades interiores del hombre simplemente abandonaron su cuerpo físico, que es limitador y limitado al mismo tiempo. Por lo tanto, el alma vio y escuchó todo lo que estaba sucediendo directamente, sin las limitaciones impuestas por los cinco sentidos. Ésta es la única explicación verdadera para las experiencias "cercanas a la muerte", que son, en realidad, experiencias de muerte en sí misma.

El verdadero cuerpo espiritual es transparente como el viento. El alma y el cuerpo espiritual pueden despojarse de su cuerpo físico. En este acto, denominado Separación, las cualidades internas se separan del exterior. Y es éste, más que el *Shofar* o los rezos, el verdadero punto de enfoque de *Rosh*

Hashaná. Todo lo demás es una forma de lograr esta Separación.

A través de la Separación podemos desapegarnos de nuestros cuerpos, puesto que el cuerpo y sus pecados están conectados por el Deseo de Recibir Sólo para sí Mismo. El cuerpo físico del hombre que ha pecado debe pasar de alguna forma por el proceso de muerte. No se trata de una cuestión de premio y castigo, sino más bien una derivación del principio de causa y efecto. Si un hombre ha robado o ha cometido un asesinato, debe pagar por sus acciones, o bien mediante una muerte lenta que dure 30 años, o bien con la muerte inmediata. Independientemente de cómo se exprese, el principio de premio y castigo se hace realidad.

Según las enseñanzas kabbalísticas, cuando Satán se presenta ante la Corte Celestial y enumera los pecados de una persona, mira hacia abajo y ve el cuerpo de la persona vagando sin vida, ya que su alma y su cualidad interna lo han abandonado. Así pues, ¿cuál es el sentido de juzgar a un hombre muerto? La razón es que una vez que esto sucede, Satán se retira, hace caso omiso del hombre y pasa al siguiente caso.

Por lo tanto, el Arí explica que para salvarse en el Día del Juicio debemos pasar por este proceso de Separación de cuerpo y alma. Éste es el propósito específico de todas las conexiones, el toque del *Shofar* y las intenciones especiales. Al realizar este proceso, separamos nuestras cualidades internas de nuestro cuerpo externo, el cuerpo que una vez estuvo desprovisto de todo tipo de conciencia, desde el momento de la Creación hasta que el hombre dio el primer "mordisco" al fruto del Árbol del Conocimiento del Bien y del Mal. Este cuerpo comenzó después a transformarse y a limitar la cualidad interior del alma. Cada sentimiento de carencia que experimentamos —tanto en la salud como en las finanzas o en las relaciones— proviene por completo del bloqueo de Luz del cuerpo físico. La "fruta prohibida" es la representación perfecta de la conexión entre el cuerpo de Adán y la conciencia del Árbol del Conocimiento del Bien y del Mal. El árbol en sí mismo no es maligno, sino que su conciencia crea maldad en el hombre que se conecta con él.

El principio de la Separación de las cualidades internas de lo exterior fue establecido por el Creador en el momento de la Creación. El entendimiento convencional de *Rosh Hashaná* establece que cuando la gente pide perdón al Creador en este día, el Creador perdona sus pecados y luego sigue su camino. Sin embargo, tal como hemos visto, esta interpretación de la festividad no es correcta, puesto que un simple "perdón" nunca es suficiente para rectificar nuestros errores. Del mismo modo que la polución ambiental sigue mancillando la atmósfera aun después de que se haya cerrado una chimenea, nuestras transgresiones también continúan contaminando el universo con negatividad. Las aguas residuales y el humo industrial no son más que el resultado de una planificación desconsiderada, descontrolada y desequilibrada, que deriva del Deseo de Recibir de los empresarios y los dueños de las fábricas. La polución que resulta de la intención maligna y el egocentrismo no es menos importante. Estos actos de contaminación son sometidos a juicio en *Rosh Hashaná*.

Entonces, ¿para qué venir al cuarto de guerra para rezar o escuchar el *Shofar*? Hemos escuchado que el *Shofar* aturde a Satán y nubla sus sentidos. ¿Pero cómo lo hace? ¿Acaso el sonido del *Shofar* lo golpea como si fuera un puño? De ser así, ¿qué pasa si el soplido es demasiado fuerte? La respuesta es que el *Shofar* confunde a Satán no golpeándolo, sino separando nuestra alma del cuerpo para que Satán piense que el cuerpo no es más que un cadáver, los asuntos del cual dejan de ser dignos de discusión en las Cortes Superiores.

Veamos un ejemplo. Estamos obligados a sufrir las consecuencias de la polución ambiental, que según el *Zóhar* no son más que el resultado de la falta de consideración por parte del hombre con respecto a su prójimo. Una persona que construye una fábrica que contamina el aire debe detener la actividad de su fábrica o instalar los medios de prevención de polución adecuados; y caso de que no lo haga por sí misma, el gobierno debe obligarla a hacerlo. Como resultado del principio de reflexión, aquel que contamina su medio ambiente es probable que respire el aire contaminado, y aquel que se comporta de forma considerada es más probable que respire aire limpio. Pero si todo el planeta se contamina, ¿de qué manera funcionará este principio cósmico? La respuesta se encuentra en el principio de Separación, que distingue a los niños de los hombres, a los desconsiderados de los considerados. Sin Separación no habría posibilidad de que el contaminador se desconectara de la realidad física de la reacción, una realidad según la cual está condenado a respirar el aire contaminado.

Pese a que nos guste creer que nuestras acciones no tienen reacción, los Sabios y la *Torá* nos enseñan que el Día del Juicio llega una vez por año, y que en ese día todas las malas intenciones que hemos acumulado se enumeran y se establece nuestra cuenta.

Cualquier acción es una causa y, por lo tanto, está conectada con *Zeir Anpín*, mientras que toda reacción es un efecto y está conectada con *Maljut*. Cuando un hombre da un donativo benéfico o paga el diezmo, está separando un poco de *Maljut* de sí mismo. En consecuencia, está reduciendo la reacción física a la que está sujeto como resultado de sus acciones. Puede decirse, pues, que la caridad nos salva de la muerte. Esto también sucede en *Rosh Hashaná*, cuando la Separación del cuerpo y el alma es aplicable a todos los seres humanos y se da una oportunidad a todo el mundo para separarse de la negatividad que han acumulado a lo largo del año. El Arí dice que la negatividad que ocasionamos y que se vuelve parte del universo puede alejarse de nosotros mediante la Separación, para que de esta forma los justos no tengan que sufrir las consecuencias de las acciones de los injustos. Si no fuera por el mecanismo de Separación, las personas justas serían castigadas junto con las malvadas.

Cada año, la validez de la Separación se renueva. Los justos se conectan con *Zeir Anpín*, más allá de la realidad física, y de esta forma se ahorran las desgracias que plagarán el mundo físico el año siguiente. El proceso de Separación permite la disgregación entre el estado potencial y el resultado, es decir, entre *Zeir Anpín* y *Maljut*. Esto significa que aun si el mundo entero estuviera contaminado y hubiera un solo hombre justo, éste podría separarse a sí mismo de la contaminación y no se vería afectado por ella ni por el juicio severo que afecta al mundo. Si la contaminación fuera una realidad física y espiritual absoluta y no hubiera Separación en el mundo, no habría forma de eliminarla y el *Shofar* no tendría ninguna utilidad.

Para atender el problema, primero debemos alejarnos de él, de la misma forma que un psicólogo debe tomar distancia de las neurosis de su paciente para poder observarlas de forma objetiva. Para poder alejarse, uno necesita la Separación. En *Rosh Hashaná*, la realidad física, en la que se encuentran todos los problemas, se separa de la realidad espiritual de *Zeir Anpín*; de esta manera nos separamos de la contaminación que se ha creado en el mundo. En dicha situación, según dice el *Talmud*, los justos se inscriben inmediatamente en el Libro de la Vida, por lo cual la negatividad de los demás no los afectará. ¿Pero qué sucede con la negatividad que causan los individuos? ¿Cómo se desconectan los individuos de la negatividad? ¿Es suficiente con implorar el perdón al Creador? ¿Garantiza el toque del *Shofar* dicho perdón?

Considera este ejemplo. Si un empleador despide a un trabajador de su fábrica y como consecuencia este trabajador se suicida, ¿devolverá el acto de pedir perdón en *Rosh Hashaná* la persona fallecida a sus familiares? ¿Puede el dueño de la fábrica que despidió al empleado declarar que lo hizo para ayudarlo en la tarea de su *Tikún*?

De ningún modo. Sin embargo, si el *Shofar* se toca con las meditaciones adecuadas, puede permitir al dueño de la fábrica realizar el acto de Teshuvá y, con ello, rectificar su error en la raíz misma y al mismo tiempo recibir protección del juicio por el año entero. El toque del *Shofar* reduce el juicio y destierra al fiscal (Satán) de las Cortes Superiores.

Este proceso tiene dos etapas. La primera es el sueño, alejarse de la realidad diaria, poner a descansar el 4% del cerebro que está activo en estado de vigilia. La segunda etapa es el sueño profundo, que es un ascenso a otro nivel de conciencia —igual que el ascenso del alma a *Biná*, que es muy diferente a la conciencia común— con el propósito de recargar y renovar nuestra alma. Acerca de este tema, debemos recordar que dicho ascenso de las almas tiene lugar sólo durante las horas de la noche. Por eso dormir de día no es tan restaurador como dormir durante la noche. Por la misma razón, se recomienda realizar las cirugías con anestesia total durante las horas de la noche, ya que entonces habrá un lugar para el alma, la cual puede ser recibida y estar ya recargada cuando la anestesia va perdiendo su efecto.

El Arí dice: "*Zeir Anpín* va a dormir". ¿Por qué? El hombre y la mujer fueron creados en el sexto día, de forma consecutiva. En esta situación no hay flujo de energía, ni revelación de Luz, ni lugar para la negatividad. Así es como todos los bebés vienen al mundo, ya que si no fuera así, las *klipot* (cáscaras de negatividad) se apoderarían de ellos en el momento de su nacimiento y no tendrían probabilidad de sobrevivir. Después de que Adán cayera en el sueño profundo, se aplicó la Separación con el propósito de cambiar esto y llevar a Adán y Eva a un estado de comunicación armónica, cara a cara. De no ser por el Pecado, la unificación habría ocurrido en Shabat, día que proporciona protección de las *klipot*. No obstante, como resultado del Pecado, la unión se pospuso a otro día de la semana y por lo tanto tuvo lugar en presencia de las *klipot*, que se alimentaron de ella. Respecto al tema de la anestesia antes de la cirugía, su objetivo fue permitir la separación de los aspectos femenino y masculino del paciente. El dolor pertenece exclusivamente al aspecto femenino, es decir, al cuerpo físico. Por lo tanto, la anestesia sólo funciona en *Zeir Anpín*, el aspecto masculino conectado con la conciencia, ya que éste se separa de la conciencia del cuerpo mediante la anestesia y el paciente no siente dolor físico. El aspecto femenino siente dolor durante la operación, pero como no está conectado con la conciencia, no es suficiente para causar dolor al paciente. El cerebro tampoco siente dolor cuando se opera, porque el dolor sólo proviene de la incisión de la piel y la Separación de la cabeza. El cerebro está conectado con *Kéter*, y *Kéter* pertenece a la Luz, no a la Vasija, por ello el cerebro no siente dolor ni ninguna otra sensación física que derive del dolor.

Entonces, ¿por qué la conciencia de *Zeir Anpín* (Adán) y la conciencia de *Maljut* (Eva) se crearon uno junto al otro, consecutivamente?

El juicio supone el descubrimiento inmediato y descontrolado de la Luz, no un flujo gradual. La Luz está en todos los lugares y en todos los momentos. Una conexión con la Luz crea un filamento de bombilla dentro de nosotros, un elemento que aplica una fuerza de resistencia, permitiendo que el circuito se cierre y se forme un flujo controlado de Luz a través de nosotros. Cuando una persona comete un pecado, crea un juicio detrás de su aspecto masculino y detiene el flujo de Luz que corre a través de sí misma, ya que no ha aplicado la fuerza de la resistencia y por lo tanto no ha creado Luz reflectora.

Estos juicios son energía no canalizada y descontrolada. La diferencia entre una célula normal y una cancerígena radica en que la célula cancerígena es animada a través de una energía de juicio descontrolada. Y son justamente estos juicios los que debemos separar en *Rosh Hashaná*. Con este propósito, cuando la Luna está encubierta, nuestro aspecto masculino cae en un sueño profundo y tiene lugar la "cirugía" espiritual. Durante esta operación de cirugía, la energía del juicio se transfiere del aspecto masculino al femenino.

Así pues, ¿cómo nos libramos del control de las fuerzas negativas? A través de una forma de anestesia espiritual. En el primer día de *Rosh Hashaná*, *Zeir Anpín* cae en un sueño profundo. En este momento, el abastecimiento de Luz al cuerpo físico cesa y los juicios que se han adjuntado al cuerpo durante el último año se separan. Entonces los juicios se desprenden y continúan agarrándose a la Luz que queda en el aspecto femenino.

La separación de Eva y Adán describe el proceso exacto que tiene lugar en cada uno de nosotros durante la celebración de *Rosh Hashaná*. El Arí aclara que las palabras "y cerró con carne el lugar vacío" son un código que describe la sustitución de la misericordia por el juicio. Cuantos más actos misericordiosos realicemos, más grande será nuestra Vasija espiritual y mayor será la revelación de Luz que ésta permitirá.

En el tratamiento del cáncer, el tejido se suele extraer quirúrgicamente, y las células adyacentes —tanto las malignas como las sanas— también se destruyen consecuentemente a través de la quimioterapia. La fase quirúrgica de este tratamiento corresponde a la Separación en *Rosh Hashaná*, y la fase terapéutica a la acción del *Shofar*. La Separación de los juicios implica su restricción y transformación en una forma inofensiva. Los juicios no desaparecen, porque la Luz nunca desaparece; pero sí que cambian de forma, pasando de un estado activo y agresivo a un estado pasivo.

En *Rosh Hashaná* hay una acumulación de juicios como resultado de las acciones negativas que realizamos durante el año. Ya hemos descrito cómo el primer día de *Rosh Hashaná*,

Zeir Anpín (Adán) cayó en un sueño profundo. De forma similar, el Creador también hace que en este día el aspecto *Zeir Anpín* que hay en cada uno de nosotros caiga en un sueño profundo. Cuando nacimos, nuestros aspectos masculino y femenino estaban unidos. Si esto no hubiera sido así, las fuerzas externas habrían absorbido toda la Luz que fluía a través de nosotros. *Rosh Hashaná* es una bendición porque nos devuelve al estado de nuestro nacimiento, cuando ninguna Luz fluía a través de nosotros y estábamos libres de negatividad.

Después de que *Zeir Anpín* cae en el sueño profundo, el Creador lleva a cabo en nosotros la cirugía espiritual, eliminando los juicios del aspecto masculino que hay en nuestro interior y transfiriéndolos al aspecto femenino. Esta es la interpretación de la descripción bíblica codificada que dice: "Y de la costilla (...) Él formó [una mujer]". Después de eliminar los juicios, el Creador rellena su lugar con misericordia, ya que la misericordia es la consecuencia natural de la falta de juicio; la misericordia es la vasija a través de la cual la Luz de la Sabiduría puede fluir y revelarse de forma controlada y equilibrada.

Cuando nació el primer hombre, el Creador tuvo que idear una solución a un problema que no había surgido hasta ese momento: el problema del Pecado Original. El Creador proporcionó una solución por adelantado dándole al hombre el Libre Albedrío, indicando que Él sabía que el hombre podía pecar. El hombre fue creado con Libre Albedrío para poder eliminar su Pan de la Vergüenza. La condición que resolvió el problema por adelantado radica en la división del hombre en los aspectos masculino y femenino e interno y externo, para que pudiera llevarse a cabo la Separación entre ellos.

El lado conectado con el poder de la Luz, el hogar del alma, es el que se queda dormido. ¿Por qué?

Los juicios son la acumulación de todas las energías que pueden crear un guión caótico para el año siguiente. En *Rosh Hashaná*, nuestro objetivo es reducir el juicio, apaciguar el dolor de su punzada. Una forma de lograrlo es Separando los actos de juicio en el nivel físico; y si nos desconectamos de este nivel, no nos veremos en absoluto afectados por el juicio.

Es sabido que el Sol da luz a la Luna. Del mismo modo, el hombre se alimenta de la Luz que viene de *Zeir Anpín*. En el nivel físico, *Zeir Anpín* está representado por el Sol. El cuerpo físico, *Maljut*, carece de Luz propia. El alma en relación con el cuerpo es como *Zeir Anpín* en relación con *Maljut*.

Detengámonos en este tema porque comprenderlo fortalecerá nuestra conexión con el proceso global. Todos los pecados que hemos cometido han creado energías que podrían atraer un juicio contra nosotros. Este juicio puede venir directamente a nosotros desde *Biná* o, alternativamente, a través de *Zeir Anpín*, que recibe toda su Luz y fuerza de *Biná*. Cada año en *Rosh Hashaná*, todas las personas retornan en el tiempo y experimentan por un momento el mismo proceso por el que pasó Adán. El ojo no puede verlo, del mismo modo que no puede percibir que una vez cada siete años nuestro cuerpo atraviesa una regeneración completa. Sin embargo, el hecho de que el ojo no vea estas cosas no significa que no sucedan.

En *Rosh Hashaná* regresamos al estado en el que el alma y el cuerpo estaban espalda con espalda y no había un flujo de energía entre ellos. Esto significa que estamos muertos, igual que el paciente descrito anteriormente. En tal estado, la negatividad ya no puede influir sobre nosotros y se Separa. Cuando nacemos, el alma y el cuerpo se hallan en un estado similar —espalda con espalda— y el poder del Creador los Separa. Cuando el cuerpo se desconecta de *Zeir Anpín*, a *Zeir Anpín* se le brinda la oportunidad de conectarse directamente con *Biná*. Al mismo tiempo, todos los juicios conectados con y expulsados de *Zeir Anpín* se concentran ahora en *Maljut*. La Separación de los juicios de la espalda de *Zeir Anpín* y su consiguiente transferencia a *Maljut* son realizadas mientras *Zeir Anpín* se encuentra en un sueño profundo.

La relación entre *Zeir Anpín* y *Maljut* es similar a la relación entre un hombre y una mujer, o entre la Luna y el Sol. Aunque al espacio exterior lo inundan los rayos del sol, está completamente oscuro. Sólo cuando la luz del Sol se encuentra con la Luna, ésta se revela. De la misma manera, *Maljut* permite la revelación del potencial oculto en *Zeir Anpín*. Cuando todos los juicios están concentrados en *Maljut*, el cuerpo físico paga por todos sus pecados contra

Biná. Al mismo tiempo, el cuerpo espiritual, que está disociado del cuerpo físico, se alimenta directamente de *Biná*. Esta disociación es la Separación, que está descrita en el código bíblico como un sueño que descendió sobre nuestro aspecto masculino —en *Zeir Anpín* o Adán— de la misma forma que nuestra alma se Separa de nosotros cuando nos dormimos.

He aquí, pues, la explicación de la descripción del sueño profundo que cayó sobre Adán en el Jardín del Edén. Sin esta explicación, la Separación dejaría de ser una parte lógica de la historia bíblica. La costilla es el nombre en código del juicio, y Eva es *Maljut*. Cuando se produce la Separación en nosotros, somos apartados de la conciencia que nos alimenta, de nuestro *Zeir Anpín* privado, que nutre no sólo nuestro cuerpo físico, sino también nuestra alma y las cualidades internas de nuestro cuerpo.

El propósito del *Shofar* es reducir los juicios que se han concentrado en *Maljut*, y su acción se lleva a cabo a través de las meditaciones. Al mismo tiempo que el *Shofar* reduce los *Dinim* (juicios), también despierta a *Zeir Anpín* de su sueño profundo. La Separación distancia a *Zeir Anpín*, la causa, de *Maljut*, el efecto. Como ya es sabido, la causa influye sobre el efecto, pero el efecto no puede influir sobre su causa. Si no fuera por la Separación, las listas de juicios en *Zeir Anpín* no podrían reducirse mediante ninguna actividad de *Maljut*. Sin embargo, después de que *Zeir Anpín* cae en el sueño profundo —y entonces se transfieren los juicios a *Maljut*— estos juicios pueden reducirse a través de las acciones realizadas dentro de los límites de *Maljut*: el toque del *Shofar* y las meditaciones. Tales actividades actúan a modo de cirugía espiritual: el *Shofar* limpia nuestro "historial de comportamiento" y transforma los pecados escritos en éste, en virtudes. Estas virtudes se incluyen en el conjunto de consideraciones cósmicas que determinarán el guión de nuestra vida para el año siguiente. Tal como ya hemos comentado, podemos regresar en el tiempo y reparar aquello que hemos dañado en el pasado, incluidas nuestras acciones en reencarnaciones previas. Durante el mes de *Elul* realizamos el acto de *Teshuvá*: regresamos en el tiempo y corregimos nuestra conciencia. Por lo tanto, cuando llegamos a *Rosh Hashaná*, el pasado y el presente son uno solo; la conciencia se ha rectificado y todo lo que queda es la minimización del juicio a través del *Shofar* y las meditaciones.

Después de la minimización del juicio, *Zeir Anpín* —el alma que sirve como hogar a la Luz del Creador que hay dentro de nosotros, la parte iniciadora que hay en nuestro interior, la chispa— se reaviva. Los juicios reducidos ascienden entonces a *Zeir Anpín*, para que por medio de *Teshuvá* se puedan reparar los daños causados en el mundo de la víctima. Esto se reflejará, por ejemplo, en la resurrección de una víctima de asesinato. Sin embargo, dicha acción requiere que *Zeir Anpín* esté despierto, puesto que *Maljut* no puede realizarlo por sí solo.

Los científicos creen —quizá con razón— que pueden llegar a una descripción cohesiva de los primeros momentos del universo. El objetivo de este esfuerzo es integrar la descripción de todas las fuerzas del universo en un único marco matemático. Tal vez los cosmólogos hagan algún día un interesante descubrimiento que sea capaz de explicar algo sobre nuestro universo.

Pero ¿dónde nos deja esto a todos aquellos que no somos expertos científicos? ¿Puede ocasionar la unificación de la humanidad? ¿Un mundo sin destrucción ni caos? Claramente no. No podemos dejar este trabajo a la comunidad científica, puesto que su día en los tribunales ya ha pasado. Ha llegado la hora de que el "hombre de la calle" se despierte, actúe y logre los resultados que la humanidad ha estado esperando durante miles de años. Ahora el hombre de la calle debe, necesariamente, agarrar el toro por los cuernos.

Si damos los pasos necesarios para reorganizar el universo en *Rosh Hashaná* —si realmente atacamos y destruimos la actividad humana negativa que se ha acumulado durante cientos de años— entonces y sólo entonces, dice el *Zóhar*, podremos reunificar todas las cosas y el resultado será un universo basado en la paz, la serenidad y la hermandad.

Desde el punto de vista kabbalístico, la acción que debe realizarse para que esto suceda no es física sino metafísica. Por lo tanto, debemos dejar de creer que los desarrollos tecnológicos solucionarán los problemas de nuestras vidas. Por el contrario, el cambio positivo debe venir de la mente, de la realidad verdadera de la conciencia de pensamiento.

La Kabbalah enseña que hubo seres humanos que una vez vivieron durante 1.000 años. Posteriormente, la esperanza de vida fue disminuyendo en forma gradual hasta alcanzar un mínimo de 36 años. Sin embargo, la esperanza de vida en la actualidad ha aumentado a un promedio cercano a los 76 años. ¿Qué es lo que ha cambiado?

Los médicos dirán, sin duda, que ésta es una consecuencia directa de la mejora de las condiciones de sanidad y del cuidado médico. Pero si este es el caso, ¿cómo explican que haya más gente enferma que nunca y que los hospitales siempre estén repletos? La explicación kabbalística para este aumento en la expectativa de vida es simple: el fenómeno comenzó cuando los Israelitas comenzaron a leer el *Zóhar* en masa.

En los últimos años se ha observado que cada vez más personas sobrepasan los 100 años de vida conservando un buen estado físico y claridad mental. Se trata de un fenómeno único que está sucediendo en todo el mundo. Para fines del siglo XXI, se espera que haya más de un millón de estos ciudadanos saludables sólo en los Estados Unidos. Este fenómeno es consecuencia directa de la cantidad de personas que, año tras año, están devolviendo el orden al universo a través de la conexión guiada en *Rosh Hashaná*. Y cuanto más perseveremos en esta actividad —cuantas más personas seamos—, con más fuerza avanzará el proceso y mayor será la influencia sobre aquellos que permanecen en la conciencia robótica. Hemos llegado al umbral de un nuevo campo de la medicina, una tecnología que no podría ser más simple ni más accesible. Esta medicina de Nueva Era se basa en la restauración del orden y la armonía del universo por medio del conocimiento oculto en la *Torá* y el *Zóhar*.

Tal como dijo Rav Shimón: "Sólo un tonto no hace preguntas". La religión nunca fue creada para ser robótica. Por lo tanto, es importante formular preguntas y trabajar para construir una Vasija espiritual. Nuestras vidas dependen de estos dos días de *Rosh Hashaná*. Nos deseamos "feliz año nuevo" para distanciarnos del caos que, por regla general, se nos asigna en este día, pero sólo tendrán éxito nuestros esfuerzos si realmente creemos en ello y hacemos que ocurra.

Cada mes nos conectamos a la energía del Aná Bejóaj a través de las letras del mes, pero en *Rosh Hashaná* estas letras no tienen influencia. Todos los demás meses tienen tanto aspectos positivos como negativos, pero en *Rosh Hashaná* existe sólo el aspecto negativo. En el mes de *Tamuz* (Cáncer), por ejemplo, puede comenzar una enfermedad cancerígena. Pero el signo de Cáncer también tiene atributos positivos, y a través del Aná Bejóaj nos podemos conectar con esos aspectos y evitar la enfermedad. Cada mes tiene conciencia tanto interna como externa, así como conciencia del cuerpo y conciencia del alma. De la misma forma, la Luna posee un sistema compuesto de dos partes: una que nos ofrece los atributos positivos del mes y otra que nos ayuda a construir un escudo de protección para desviar sus implicaciones negativas. Pero este sistema puede debilitarse o ausentarse. Por ejemplo, si se debilita en el mes de *Tamuz*, entonces quedaremos expuestos a la posibilidad de contraer cáncer. En cambio, si sabemos cómo protegernos, no nos enfermaremos, ya que habremos elegido conectarnos con los elementos positivos.

La energía negativa siempre va acompañada de energía positiva que la contrarresta, con la única excepción de *Rosh Hashaná*. En *Rosh Hashaná* sólo hay juicio y energía negativa. En *Rosh Hashaná* nuestros ojos ciertamente ven la Luna, pero su canal positivo está oculto a nuestra visión. Esto tiene que ver con el signo de Libra. Las personas que nacen bajo este signo ven ambos lados de un tema; sin embargo, al ver los dos lados con la misma claridad, tienen dificultad para tomar decisiones. Este rasgo tiene su origen en el cubrimiento del canal positivo de la Luna durante la entrada de los Libras en el mundo físico. Los Libras ven el lado negativo y el positivo de cada cuestión de forma detallada, pero les falta la conexión con la energía positiva; por eso temen tomar decisiones. Lo negativo y lo positivo está equilibrado, pero para ellos, la energía adicional que inclinaría la balanza en la dirección positiva no existe.

Ahora comprenderemos por qué Rav Shimón tuvo que pasar precisamente tres días con el líder de la conexión y la persona que tocaba el *Shofar*. En realidad, esto nada tuvo que ver con sus talentos o capacidad cognitiva. Por el contrario, Rav Shimón sabía que el líder de la conexión y la persona que tocaba el *Shofar* debían ser nada menos que perfectos. Como un sistema lanzador de misiles está compuesto de muchas partes, todo en este esfuerzo debe funcionar perfectamente para lograr su objetivo. El líder de la conexión y la persona que toca el *Shofar* son dos sistemas, cada uno compuesto por elementos separados que deben operar al unísono. Los tres días con Rav Shimón nos enseñan que los tres aspectos deben integrarse para formar una unidad: derecho, izquierdo y central. Rav Shimón purificó al *Jazán* (líder de la conexión) y a la persona que toca el *Shofar*, y esta pureza se manifiesta en un flujo infinito de energía, creando el sistema de tres columnas.

Recuerda que el simple hecho de reunirnos en familia no logrará el objetivo. Pero ten en cuenta que un miembro de la familia realizando el trabajo de *Rosh Hashaná* en una sinagoga puede actuar como póliza de seguro para el año entero, y no sólo para él, sino también para su familia y su negocio. La conciencia y la intención son elementos esenciales en este proceso. Tenemos que saber lo que está sucediendo. Sólo por medio del conocimiento lograremos el objetivo de *Rosh Hashaná*.

$$¿\mathscr{Q}u\acute{e}\ es$$

YOM KIPUR?

*D*espués de *Rosh Hashaná*, el siguiente evento cósmico importante es *Yom Kipur*, el Día de la Expiación. Esta festividad se ha comprendido de forma tan errónea, que todavía muchos hoy en día ignoran que una vez fuera el día más trascendental y sagrado del año.

Aquí nos desviaremos de la creencia popular de que *Yom Kipur* es un día de perdón, tal como se infiere de la traducción literal del nombre. En su lugar, a través de las enseñanzas de la Kabbalah, exploraremos el significado más profundo de esta festividad. Al hacerlo, esperamos que el lector —y toda la humanidad— dé un paso decisivo hacia la eliminación de la actividad cósmica negativa que ha sido parte de nuestras vidas durante los últimos 2.000 años. ¡A partir de este momento, deja que las cosas sean completamente distintas!

La *Torá*, en Levítico 23:26-32, describe así esta festividad:

"El día décimo de este séptimo mes será el día de la Expiación, en el cual tendréis asamblea santa; afligiréis vuestras almas y ofreceréis a Dios un sacrificio de combustión. No haréis en ese día ningún trabajo, pues es día de Expiación, en el cual se ha de hacer la expiación por vosotros delante de HaShem, vuestro Dios. El que no se afligiere ese día será extirpado de entre su pueblo. Al que haga en tal día un trabajo cualquiera, yo lo extirparé de entre su pueblo. No haréis, pues, trabajo alguno. Es ley perpetua durante vuestras generaciones dondequiera que habitéis. Os será sábado de descanso absoluto, en el cual os afligiréis. El día nueve del mes, comenzando por la tarde, de una tarde a la otra, guardaréis vuestro descanso".

Ésta es la esencia de *Yom Kipur*. Ciertamente, hay otros aspectos adicionales de este día sagrado, pero éstos parecen haber perdido relevancia; son los que tratan del Sumo Sacerdote y la ofrenda de sacrificios. Los tradicionalistas no pueden tratar estos temas más allá de un vago intento de transmitir la importancia del Templo y los sacrificios. Sin embargo, parece que hoy en día no tenemos la oportunidad de participar individualmente en la ofrenda de sacrificios. No obstante, en el momento en que comencemos a entender el significado kabbalístico de *Yom Kipur* tendremos una perspectiva muy diferente.

Para poder entender el significado de *Yom Kipur*, ante todo debemos recordar que las festividades kabbalísticas no son simples celebraciones o conmemoraciones en el sentido común de la palabra. Durante las festividades se revelan las fuerzas del universo; por lo tanto, puesto que *Yom Kipur* se menciona en la *Torá*, se entiende que en el curso de este día se revela un código cósmico especial en todo el universo. Éste es el verdadero significado de *Yom Kipur*.

Nos referiremos primero a nuestras circunstancias físicas, que tanto parecen preocupar a la gente hoy en día. Necesitamos entender nuestros propios cuerpos, ya que sin tal entendimiento no podremos sobrepasarlos para llegar a nuestro aspecto interno, espiritual. *Yom Kipur* es un día de ayuno que cae en el décimo día de *Tishrei*. Es la dramática conclusión de los Diez Días de Arrepentimiento que siguen a *Rosh Hashaná*, y como tal se considera el día más importante del año. Ésta es la esencia del día, según es entendida por aquellos que observan la tradición.

Ahora hagámonos algunas preguntas osadas, que posiblemente nunca hayan sido formuladas fuera del reino de la Kabbalah.

En primer lugar, ¿por qué esta festividad —la más sagrada del año— se celebra el décimo día de *Tishrei*? ¿Es este hecho significativo? ¿Por qué *Yom Kipur* debe caer precisamente en el décimo día?

En segundo lugar, ¿cuál es el origen de la palabra *Kipur* (expiación)? Se cree que este término deriva de las palabras en arameo *kapará* (expiación) y *mejilá* (perdón). Pero para nosotros, estudiantes de la Kabbalah, esta explicación no es suficiente.

Tercero, ¿por qué esta festividad tiene lugar tras la estela de *Rosh Hashaná*?

En cuarto lugar, ¿por qué existen cinco tipos de prohibición asociadas con este día? Las cinco prohibiciones, definidas por los Sabios con el propósito de afligir el alma, son las siguientes: 1) la prohibición de todo tipo de comida y bebida; 2) la prohibición de bañarse por placer; 3) la prohibición de untar nuestros cuerpos con lociones, aceites o cosméticos; 4) la prohibición contra el uso de zapatos de cuero; y 5) la prohibición de mantener relaciones sexuales. La *Torá* establece, además, que aquellos que no hayan cumplido con estas prohibiciones serán excomulgados de la Nación de Israel. Esto es excepcionalmente severo. Por otra parte, estas cinco prohibiciones son las mismas que se practican en el noveno día de *Av*. ¿Por qué son necesarias y cómo están conectadas con el noveno día de *Av*?

Y en quinto y último lugar, en *Yom Kipur* hay una cantidad excepcional de servicios de rezo para ser recitados; cinco, para ser exactos. ¿Por qué hay cinco, en vez de los tres servicios de rezo habituales? Y lo que es aun más extraño es que en el noveno día del mes de *Tishrei* —en la víspera de *Yom Kipur*— el *Talmud* recomienda que comamos tanto cuanto podamos. El motivo es que cada acto de comer que se realiza este día —no importa si comemos cuatro, ocho o catorce veces— representa un aspecto del ayuno. Es un concepto curioso: pese a que comemos y bebemos en exceso, en realidad estamos ayunando.

La sexta "tradición" es posiblemente la más extraña de todas. Con la primera luz del día de la víspera de *Yom Kipur*, los kabbalistas realizan lo que se llama *Kaparot*, la matanza de un pollo para la expiación de los juicios. Cualquier persona que sea sensible al tema de los derechos de los animales probablemente esté en contra de este precepto; sin embargo, éste también forma parte del "paquete" llamado *Yom Kipur*. Según el Arí, *Kaparot* debe llevarse a cabo antes del amanecer del noveno día de *Tishrei*. El significado de este ritual se ha perdido, y en general ha sido olvidado. De hecho, aquellos que todavía practican este precepto, a menudo matan el pollo en cualquiera de los días entre *Rosh Hashaná* y *Yom Kipur*. Ciertamente, muchos lo prohíben en vísperas de *Yom Kipur* debido al gran volumen de trabajo de las personas involucradas en el proceso; se piensa que existe el riesgo de que la tarea de afilar el cuchillo no se realice con el suficiente cuidado, ya que según la ley Israelita, la cuchilla no debe tener ni un defecto. Así, en Israel está prohibido practicar la matanza con la primera luz de la víspera del noveno día de *Tishrei*, y en consecuencia, aquellos que insisten en continuar con esta *Mitzvá* se ven forzados a realizarla otro día.

Finalmente, existe otra práctica asociada con *Yom Kipur* que es seguida y mantenida con entusiasmo por muchos laicos, aquellos que en general no realizan otras prácticas. Estas personas se acercan a la sinagoga en la víspera de *Yom Kipur* específicamente para escuchar la conexión de "*Kol Nidrei*", que cancela todos los juramentos.

Esto es importante por varias razones. Primero, la conexión está escrita en arameo, por lo que ninguna —o casi ninguna— de dichas personas puede comprender su contenido. Y segundo, y más importante: ¿qué hay de relevante en cancelar los juramentos que atrae tantas personas a la sinagoga, aun cuando no hayan entrado ni una vez durante el resto del año? ¿Cuál es la fuente de esta tradición poderosa, una tradición que ni siquiera está clara para los Israelitas?

Si la *Torá* es un documento para ser estudiado y comprendido, nuestro análisis no debería ignorar ninguna de sus secciones. Después de todo, estamos tratando con las leyes del universo, y lo hacemos con el propósito de terminar con el sufrimiento y la desdicha de la humanidad, que continúa plagándonos año tras año. Teniendo esto en cuenta, consideremos a continuación el asunto del sacrificio animal, a pesar de lo desagradable que pueda resultar para algunas personas.

Hay un pasaje en el Levítico 16 que describe la función de Aarón, el Sumo Sacerdote en *Yom Kipur*. En los versículos 5-10, está escrito:

"Y tomará él de la Congregación de los hijos de Israel dos machos cabríos para sacrificio por el pecado y un carnero para el holocausto. Y Aarón presentará el becerro para el sacrificio por el pecado, que es para sí mismo, y haciendo expiación para sí mismo y para su casa".

En el verso 7 está escrito:

"Tomará Aarón los dos machos cabríos y los presentará ante el Señor, a la entrada del Tabernáculo de la Reunión. Luego Aarón echará suertes sobre los dos machos cabríos, una suerte para el Señor, y la otra para Azazel. Y presentará Aarón el macho cabrío que haya tocado en suerte al Señor, ofreciéndolo como sacrificio por el pecado. El macho cabrío que en suerte tocare a Azazel, lo colocará vivo delante del Señor, para hacer sobre él la expiación y echarlo al desierto, para Azazel".

¿Cómo pueden el sacrificio y la quema de animales expiar los pecados de Aarón y de su familia? La expiación es el elemento más importante en *Yom Kipur*. En Levítico 16, el versículo 21 dice:

"y Aarón colocará ambas manos sobre la cabeza del macho cabrío vivo, confesará sobre él todas las iniquidades de los hijos de Israel, todas las transgresiones y todos los pecados de ellos; y depositándolos sobre la cabeza del macho cabrío, lo enviará al desierto por mano de un hombre designado para ello".

¿Por qué debemos continuar con estas tradiciones ahora, cuando el Templo ya no existe y el Sumo Sacerdote ya no es una figura activa? Preguntas como éstas deben contestarse tanto en nombre de la razón como en nombre de la práctica espiritual auténtica.

A fin de cuentas, no existe la prohibición de plantear preguntas, y nunca ha habido una ley contra el conocimiento y la comprensión. Todo lo contrario, Dios debe conocerse. La porción de *Bo*, en el Libro del Éxodo 10:2, declara: "a fin de que sepáis que yo soy Hashem". Pero aquellos que no preguntan nunca lo sabrán.

¿Puede alguien imaginarlo?, utilizando ambas manos, se obtiene un acuerdo con Dios. Según el *Zóhar*, esto significa que todos los pecados permanecerán en el macho cabrío.

Rav Abba hizo tres preguntas a Rav Shimón: ¿Por qué la ceremonia debe realizarse de la forma establecida? ¿Por qué debe el sacerdote colocar sus manos en la cabeza del macho cabrío? ¿Y por qué todo esto debe suceder en *Yom Kipur* y no otro día? Rav Shimón respondió que el propósito de estos sacrificios no es complacer a Dios ni beneficiar a ninguna otra entidad metafísica. Para entenderlo, volvamos al interrogante básico: ¿Por qué *Yom Kipur* se designó como una festividad importante que cae en el décimo día de *Tishrei*?

¿Alguien se ha preguntado alguna vez por qué el mundo cuenta siempre sobre la base del número diez? Desde una perspectiva kabbalística, cada vez que nos encontramos con el número diez estamos ante una finalización. Cuando atacamos y destruimos la conciencia humana negativa en *Rosh Hashaná*, tratamos con un aspecto en el primer día. Pero si queremos lograr una aniquilación completa de las fuerzas de la negatividad y la muerte, necesitamos más de un día. Y para aquellos que no conocen bien el tema, el significado de "día" no se refiere simplemente a un período de tiempo, sino también a un marco de energía (un paquete de energía sellado dentro de una botella metafísica).

Cada sistema espiritual completo se compone de diez aspectos, también conocidas como las *Diez Sefirot*. El primer día de *Rosh Hashaná*, hablamos de *Kéter*: la primer *Sefirá*, la cabeza del misil. A partir de aquí, cada día que pasa se revela otro aspecto de la conciencia negativa como parte de nuestra misión para combatir el caos y la negatividad. Por lo tanto, cada uno de los Diez Días de Arrepentimiento representa una *Sefirá* diferente que purgamos, un paquete diferente de energía negativa que debemos combatir. Es como si el misil contra el que lanzamos nuestro antimisil interceptor estuviera hecho de diez partes distintas —desde su punta hasta su cola— que nosotros debemos atacar y destruir, una tras otra.

Cuando preguntamos por qué *Yom Kipur* se dispuso para que cayera en el décimo día de *Tishrei*, estábamos sugiriendo que este día no se estableció arbitrariamente. *Yom Kipur* es la esencia del décimo día de *Tishrei*. No es, tal como se podría pensar erróneamente, que *Yom Kipur* haya dado contexto a esa fecha, sino que *Yom Kipur* es simplemente el resultado de nuestro éxito en la misión de destruir todas las partes del misil de Satán, una batalla que dura diez días consecutivos.

En otras palabras, no puedes entrar simplemente en la sinagoga, escuchar la conexión de Kol Nidrei y pensar que de esta forma has logrado tu objetivo. No puedes llegar a *Yom Kipur* y decir a Dios: "Perdóname, acepta mis disculpas y mi expiación". No es así como funciona. En su lugar, hay diez días consecutivos de batallas que deben librarse. Cada día debemos destruir una *Sefirá* diferente del misil de Satán.

Ésta es la razón por la que los días entre *Rosh Hashaná* y *Yom Kipur* se denominan los Diez Días de Arrepentimiento. En el tercer día de *Tishrei* y del Arrepentimiento, por ejemplo, todas nuestras conexiones están dirigidas a atacar y destruir el aspecto *Biná* en el misil de negatividad. Pero, como hemos dicho, existen diez aspectos diferentes que deben discutirse, comprenderse y destruirse. Nuestras conexiones son los canales de comunicación que conducirán la energía con la que finalmente el caos será destruido. Durante los diez primeros días de *Tishrei* —incluyendo *Yom Kipur*— estamos destruyendo los diez aspectos del misil de Satán, un aspecto por día, tanto en el nivel físico como en el nivel espiritual.

"Pero el Templo ya no existe físicamente", podrías responderme. ¿Significa esto que no podemos tener éxito en nuestra tarea? ¿Significa que la energía de *Yom Kipur*, entregada a nosotros por la *Torá*, es incompleta? Si podemos realizar sólo una parte de la conexión, ¿debemos tener la expectativa de lograr tan sólo parte del resultado esperado? De ser así, ¿cómo podemos hablar de expiación completa en *Yom Kipur*?

Rav Isaac Luria, el Arí, no escribió Las Puertas de la Reencarnación en vano. Él sabía que cuando el público entero se convirtiera en una sola alma con él, sería como colocar sus manos sobre la cabeza del macho cabrío; el Sumo Sacerdote podría expiar los pecados de todos. Entonces, si bien hoy en día podemos realizar esta expiación, también debemos hacernos algunas preguntas.

Primero, ¿qué es realmente la expiación? Y segundo, ¿por qué tiene lugar? ¿Significa la expiación que nos hemos comportado mal y que ahora estamos pidiendo perdón? ¿No podemos ser perdonados todo el año, en cualquier día? Y lo que es más importante, ¿puede alguien pedir perdón y continuar pecando como siempre, sin cambiar? En realidad, así es como la mayoría de las personas entiende la expiación. Las ceremonias de *Yom Kipur* se han celebrado año tras año desde la Revelación en el Monte Sinaí hace 3.400 años. Sin embargo, ¿cuántos de nosotros, con el paso del tiempo, hemos visto un cambio en el código genético del universo? ¿Cuántos de nosotros podemos testificar que nuestro último año vivido ha estado sólo compuesto de paz, tranquilidad, salud, éxito, felicidad y prosperidad? Toda la humanidad sigue sufriendo y no parece haber ninguna esperanza de cambio en perspectiva. Por lo tanto, reconozcamos el gran contraste que hay entre nuestra participación en las ceremonias de la sinagoga año tras año y la falta de mejora y control que observamos en nuestras vidas.

Por supuesto, mi deseo no es disuadir a nadie de continuar visitando la sinagoga ni de seguir rezando o cumpliendo con los preceptos. Pero, como seres humanos que viven en este universo, ¿cuánto hemos avanzado como resultado de esta actividad? Cuando empecemos a reconocer cuán incompleto es nuestro cumplimiento de *Yom Kipur*, podremos al menos comenzar a entender por qué *Yom Kipur* cae en el décimo día del mes de *Tishrei*.

Yom Kipur fue pensado para eliminar todo el caos de nuestras vidas. Pero si no eliminamos por completo la conciencia negativa, aquello que no eliminemos quedará incluido en el código genético de nuestra vida durante el siguiente año.

Preparación para Yom Kipur

Más allá de lo diligentemente que nos comportemos en *Yom Kipur*, si subsiste una sola persona con quien hayamos sido injustos, una sola persona que nos odie, cualquier ira que no hayamos reconciliado, no habremos tenido éxito. Aunque Dios perdona todos los pecados entre Él y el hombre, además de toda la energía negativa que el hombre ha inyectado a la vasta extensión del universo, Dios no puede perdonar las infracciones entre dos personas; el perdón debe venir de la víctima. Una persona puede entrar libremente en una sinagoga, iglesia, mezquita o cualquier otro templo, abrir un libro de rezos y rezar sin interrupción; Dios no lo molestará. Del mismo modo, uno puede hablar constantemente con el Creador. Sin embargo, el problema básico seguirá siendo entre seres humanos. El Deseo de Recibir Sólo para sí Mismo, más que cualquiera de los pecados entre el hombre y Dios, seguirá siendo la fuente principal de energía negativa.

Yom Kipur (traducido como "un día como Purim") contiene una conexión con la conciencia de Purim: "ama a tu prójimo como a ti mismo", que es la clave para la conexión con *Biná*. Esta conciencia es el canal de comunicación exclusivo que permite todas las otras comunicaciones requeridas en *Yom Kipur*. La conexión con "ama a tu prójimo como a ti mismo" es como la conexión misma con *Biná*.

El libro de rezos de esta festividad contiene muchas confesiones. ¿Cuál es su significado? Durante los Diez Días de Arrepentimiento, nos arrepentimos y expresamos nuestro pesar por los pecados que hemos cometido en el transcurso del año. Pero, ¿es esto suficiente? Si pisamos a alguien y pedimos perdón, ¿acaso desaparece el dolor que hemos causado? Debemos examinar con precisión el concepto del arrepentimiento, sólo así llegaremos a conclusiones precisas, prácticas y con sentido.

En palabras sencillas, remordimiento no es lo mismo que confesión. Si causo daño a alguien y estoy dispuesto a experimentar el dolor y la pena que he causado, entonces, desde un punto de vista kabbalístico, existe una sola forma de rectificar aquello que necesita rectificarse, y es retornar en conciencia al tiempo y lugar donde se ha cometido el acto negativo y, al hacerlo, anular el error en su origen. Pero si el acto se ha finalizado y el daño ya se ha causado, ¿es posible hacer esto? ¿Cómo podemos regresar al pasado y rectificar nuestro error para que la víctima no sienta más dolor?

Supongamos que andamos muy apurados de camino a una reunión, por lo que no advertimos que hay un hombre frente a nosotros en la calle, y sin darnos cuenta le pisamos el pie. Inmediatamente nos disculpamos: "Perdón, lo hice sin querer". En este ejemplo, no hubo intención por nuestra parte de ofender al hombre. Y aquí llegamos a la lección de la Kabbalah que se identifica con el pensamiento moderno en el área de la teoría cuántica.

Cuando la expresión física de pisar a otra persona ocurrió y dijimos que fue inintencionadamente, ¿qué quisimos decir exactamente? En el marco limitado del Reino del 1 por ciento, lo que quisimos decir fue que no hubo intención maliciosa de nuestra parte. ¿Pero qué pasa con el 99 por ciento restante? ¿Estábamos en control de nuestra conciencia en todos los aspectos con relación a pisar ese pie? Probablemente no. Debido a que estábamos totalmente preocupados por la reunión, desde una perspectiva kabbalística ya habíamos determinado nuestra predisposición a pisar a cualquiera que se interpusiera en nuestro camino. En ese momento, el Deseo de Recibir Sólo para sí Mismo se elevó por encima de cualquier otra consideración. Por lo tanto, la acción de pisar a esa persona no comenzó en el momento en que caminamos por su lado, sino mucho antes, tal vez antes de que comenzáramos a pensar en la reunión.

¿Pudo haber ocurrido otro acontecimiento que causara este "accidente", algo que tuviera que ver con la energía de nuestros pensamientos y el Deseo de Recibir Sólo para uno Mismo? Con respecto a la "víctima", no hay duda de que debía ser pisada por otra persona o cosa, pues un pensamiento o acción pasada debieron haber causado este resultado para él. Es seguro que se lo merecía, porque nunca sucede algo negativo sin una causa. Los actos aparentemente negativos son en realidad el resultado de nuestro propio Deseo de Recibir Sólo para nosotros Mismos.

Lo único que nos queda por hacer, entonces, es distanciarnos del acto de pisar. La persona de nuestro ejemplo estaba destinada a que alguien la pisara. Pero, ¿por qué nosotros, de entre todas las personas, tuvimos que ejecutar el acto? O, para mencionar otro ejemplo, ¿por qué nosotros, de entre todas las demás personas, tuvimos que estar involucrados en un accidente en el que se atropelló involuntariamente a un peatón? Sin duda, tal peatón debía ser atropellado como resultado de su Deseo de Recibir Sólo para sí Mismo expresado en un momento previo, tal vez en una reencarnación anterior. Puesto que la víctima no hizo nada para cambiar el código genético de su casete, no tuvo otra opción que experimentar el accidente. ¿Pero por qué se nos escogió para ser la persona que la atropellara? Debió ser porque nuestra conciencia se correspondía con la conciencia que trajo el daño a la víctima. Habremos de sufrir, pues, la conciencia de culpa por haber dañado involuntariamente a un peatón. La falta de intención de atropellarlo existía sólo dentro del Reino del 1 por ciento. Desde la perspectiva cuántica, aun si actuamos impulsados por nuestro Deseo de Recibir Sólo para nosotros Mismos tres años atrás, eso sería suficiente para estar involucrados en este accidente tres años después, puesto que la cuántica conecta los sucesos más allá de la dimensión ilusoria del tiempo.

Una de las formas más sencillas de anular el Deseo de Recibir Sólo para nosotros Mismos es quedarnos sentados por un momento y aislar el deseo específico que causó cualquier accidente, dolor o sufrimiento que hayamos infligido en los demás. Debemos aceptar la responsabilidad por los hechos en los que participamos y decidir prevenir su recurrencia destruyendo y cancelando el deseo que los causó. En el momento en que tomamos esta decisión, alcanzamos un nivel alternativo de conciencia. Esto significa que hemos regresado en el tiempo y hemos erradicado el suceso.

Sin lugar a dudas, estos son conceptos desafiantes. Sin embargo, en la presente Era de Acuario debemos redirigir nuestros pensamientos y tomar conciencia de nuestro ser interior, es decir, de nuestro 99 por ciento personal. La gente que actúa dentro del Reino del 1 por ciento ha perdido todo contacto con su propia esencia; no tiene autocontrol verdadero, puesto que nuestro ser verdadero y causal se halla en el Reino del 99 por ciento. Se trata de un enfoque que puede parecer revolucionario para muchas personas, pero que debemos empezar a aceptar. La ciencia lo comprendió de forma teórica hace algunos años, y esta es una demostración dramática y completa del mismo principio cósmico.

La aplicación del principio cuántico a los ejemplos mencionados anteriormente (pisarle el pie a alguien y el accidente de auto) revela una solución única que es relevante para ambos casos. En pocas palabras, debemos distanciarnos de la expresión física del hecho que ha ocasionado dolor o sufrimiento a otro ser humano. ¿Pero es esto posible? Según la Kabbalah lo es, siempre y cuando realicemos el esfuerzo de regresar en el tiempo. Por supuesto, en el nivel físico esto parece algo difícil de lograr; ¿cómo podemos retroceder en el tiempo y cambiar las cosas que ya se han manifestado en el mundo físico?

No obstante, el viaje en el tiempo es muy real en el Reino del 99 por ciento. Cuando regresamos en el tiempo, entramos en un dominio diferente. Y mientras nos movemos a través del tiempo, la identidad espiritual del viajante —el 99 por ciento— también cambia. El ser que viaja a través del tiempo no es el mismo ser que se embarcó en este viaje. El ser que conducía el auto hace tres años y causó el accidente no es el mismo que hoy viaja atrás en el tiempo como parte del proceso de Arrepentimiento. La conciencia del conductor culpable fue sometida por el Deseo de Recibir Sólo para sí Mismo, mientras que la conciencia del Arrepentimiento tiene su raíz en la consideración hacia el prójimo.

La Kabbalah afirma que toda nuestra realidad física es una ilusión, de principio a fin. La idea de que algunas cosas están sujetas al cambio mientras que otras están fijas en el espacio y el tiempo no es más que una falacia. Esta realidad, que nos permite actuar en diferentes ocasiones a partir de conciencias diferentes, es similar a las alucinaciones de la esquizofrenia. Los psicólogos consideran la esquizofrenia como una enfermedad, sin embargo la Kabbalah la comprende de modo muy distinto: simplemente acepta el cambio que atraviesa el sujeto e incluso considera que esa persona ha cambiado para ser otra.

El verdadero Arrepentimiento sólo es posible a través del logro de un nivel alternativo de conciencia, el cual requiere de un auténtico esfuerzo espiritual dirigido a atacar y anular el Deseo de Recibir Sólo para sí Mismo y a desconectarlo de nuestras acciones. Ésta es la esencia de los Diez Días de Arrepentimiento que siguen a *Rosh Hashaná*.

A través de las conexiones compuestas por nuestros Sabios para las festividades, es posible hacer realidad el viaje en el tiempo, la experiencia de "volver al futuro" con el propósito de identificar y cancelar el Deseo de Recibir Sólo para sí Mismo. El solo intento de obtener el control sobre el ego es suficiente para causar un cambio en la conciencia, por supuesto, siempre que se trate de un intento verdadero y no de un ejercicio transitorio destinado a engañar al sistema cósmico. En este contexto, es bueno tener presente que la conciencia de pensamiento cósmico es imposible de engañar. En este nivel no existen fachadas ni ilusiones como las que encontramos en nuestra realidad física. Quienquiera que considere el engaño como posibilidad debería abandonar este propósito aquí y ahora. Para crear un cambio, es necesario hacer un intento real y honesto. Y ese intento es el que tiene lugar durante los Diez Días de Arrepentimiento.

Todas las prohibiciones, restricciones y *Mitzvot* que cumplimos no son más que canales provechosos de comunicación que nos ayudan a conectar con el nivel espiritual de *Biná*. Y esta comunicación es nuestro objetivo principal en *Yom Kipur*: arribar al comienzo de todos los tiempos. Dicho de otro modo, nuestro objetivo no es sólo retornar al momento previo al que causamos dolor a otro, sino también regresar a un tiempo anterior a ése, al momento verdadero de la Creación. Se trata, sin duda, de una idea radical, pero nuestro objetivo es llegar a la raíz de los problemas para repararlos desde su origen. Por eso debemos investigar profunda e implacablemente el código cósmico llamado *Torá*, el cual incluye el concepto de viajar atrás en el tiempo.

Lamentablemente, no tenemos la oportunidad de regresar en el tiempo todos los días; sólo podemos hacerlo una vez al año, en *Yom Kipur*. Los Diez Días de Arrepentimiento representan los diez paquetes de energía que comprenden el Deseo de Recibir Sólo para sí Mismo. Específicamente, el noveno día es el más importante entre *Rosh Hashaná* y *Yom Kipur*. Este día está relacionado con *Yesod*, que es el canal para los ocho paquetes de energía anteriores, desde *Kéter* en adelante. Es la raíz de toda la energía potencial que crea la revelación física de *Maljut*.

La acción requiere energía, y la materia es una manifestación concentrada de energía. La Kabbalah enseña que la base de toda la materia no es sólo la energía, sino también la conciencia de pensamiento. Éste es un punto importante que no siempre queda claro.

Todos estamos familiarizados con el problema de la escasez de energía que afecta tanto a naciones como a individuos. Quizá en ocasiones nos sintamos débiles y fatigados, como si no tuviéramos la fortaleza para seguir adelante. Sin embargo, lo que nos falta no es energía física, sino conciencia de pensamiento. Esto es cierto no sólo para los humanos, sino también para las máquinas y los objetos físicos, que están igualmente formados por átomos, los cuales a su vez se componen de energía pura. La conciencia de pensamiento, que es la base real de los átomos y las moléculas, dirige toda la actividad física del universo. Una vez que comprendamos esto y nos alimentemos a nosotros mismos con la conciencia de pensamiento, no derrocharemos nuestros esfuerzos físicos ni espirituales buscando la gratificación física, la cual nunca puede brindarnos lo que realmente necesitamos y queremos.

Independientemente de nuestras acciones durante los primeros ocho días, el noveno día de *Yesod* está directamente conectado con *Maljut*. Todo lo que *Maljut* tiene viene a través del canal llamado *Yesod*, y aquí es donde llegamos al nivel de realidad física. Aquí es donde invertimos nuestro mayor esfuerzo para crear una conexión con *Biná*. Debemos esforzarnos por cambiar nuestro deseo no sólo en el nivel espiritual de pensamiento, tal como lo hicimos durante los primeros ocho días, sino también desde su fundamento. Para lograr esto, los kabbalistas en general, y el Arí en particular, nos han suministrado herramientas con las que cancelamos la conciencia de pensamiento negativa que conduce al Deseo de Recibir Sólo para uno Mismo.

El acto de la confesión es una de estas herramientas. ¿Pero con quién nos confesamos? ¿Y por qué nos confesamos? ¿Por qué no es suficiente con pedir disculpas y expresar nuestra pena por lo que hemos hecho? Existe un modelo de comportamiento específico para *Yom Kipur*, una especie de procedimiento especial del cual la confesión es una parte importante. ¿Por qué?

Cuando nos encontramos con personas que se han comportado incorrectamente, demandamos que reconozcan sus errores; y cuando lo hacen, a menudo nos damos por satisfechos. La palabra "confesión" en arameo (*vidui*) está conectada con "certeza" y "verdad", una conexión que revela el verdadero significado de este acto. No importa ante quién nos confesamos, ni si alguien está escuchando nuestra confesión o nos ha pedido que lo hagamos. La confesión es un asunto interno; hasta puede hacerse de forma casi silenciosa. Se sabe que el Arí nunca elevó la voz mientras rezaba, una práctica que nosotros intentamos emular. De hecho, el Arí casi no emitía ningún sonido, sólo sus labios se movían durante el rezo.

Por medio de la confesión nos conectamos con algo que es contrario al Deseo de Recibir Sólo para nosotros Mismos, algo contrario al ego, que siempre nos dice que estamos en lo correcto y se resiste a la confesión. El ego, al estar conectado a la realidad física, al Mundo de la Ilusión, no puede tolerar nada que esté vinculado con el Mundo de la Verdad. Por lo tanto, la confesión nos permite hacer realidad la conexión con *Biná*, garantizándonos por esta vía un año de prosperidad y paz. Nuestro objetivo es un año sin sobresaltos, puesto que los sobresaltos forman parte del Mundo de la Ilusión y no pueden afectarnos en el Mundo de la Verdad.

Ahora bien, cuando una persona no está dispuesta a confesarse, está aferrándose a la realidad física ilusoria del aquí y ahora. No puede regresar en el tiempo y conectarse con *Biná*, porque es imposible estar en los dos mundos —o en los dos niveles de conciencia— al mismo tiempo. En todos los otros días del año podemos actuar en *Maljut* y simultáneamente estar conectados con la conciencia al Mundo de la Verdad. Pero lo que no podemos hacer es aferrarnos a la vez a la conciencia de la ilusión y a la conciencia de la verdad. Durante el año debemos estar en *Maljut*, pero esto no significa que debamos vivir en *Maljut*. No tenemos que limitar nuestra conciencia al reino de lo ilusorio.

Podemos existir en *Maljut*, pero no estamos obligados a vivir allí; podemos escaparnos como si fuera una prisión, pues *Maljut* es ciertamente algo similar a una prisión o una institución que alberga todos los atributos ilusorios, entre ellos el ego. Nos confesamos no porque nos comportaremos bien de ahí en adelante, ni porque Dios nos lo exija. La confesión es un medio espiritual para resolver problemas; es un acto que nos brinda la oportunidad de escaparnos de las garras de *Maljut* para llegar directamente a *Biná*. En definitiva, la confesión es el instrumento a través del cual abandonamos el Mundo de la Ilusión.

La tecnología del ayuno

El ayuno, como veremos a continuación, es otro instrumento vital para lograr la conexión con *Biná*. En *Las puertas de la meditación*, el Arí cita las palabras del Deuteronomio 8:3: "No sólo de pan vive el hombre, sino de todo lo que sale de la boca del Señor". Este versículo señala la diferencia entre el Mundo de la Ilusión y el Mundo de la Verdad, entre el pan físico que el hombre come y el aliento no físico que proviene de Dios.

A través de los actos de comer y beber, acompañados ambos por bendiciones antes y después, atraemos la bendición a nuestras vidas. El alimento tiene un aspecto físico y uno espiritual, y la bendición es un canal de comunicación con los aspectos internos. El versículo que dice "no sólo de pan vive el hombre" nos enseña que no podemos alimentarnos únicamente del aspecto físico del alimento. De hecho, más del 99 por ciento del alimento corresponde a sus cualidades internas. Es verdad que sin el aspecto físico del alimento no tendríamos forma de nutrir nuestro cuerpo, pero la esencia de la energía del alimento se halla en su cualidad interna.

Nos conectamos con la esencia interior de un alimento a través de las bendiciones, que son los canales espirituales de comunicación que nos suministraron los Sabios. Pero no se trata de decir "gracias" al Creador, porque Él no necesita nuestro agradecimiento y tampoco estamos obligados a agradecerle. Porque, en primer lugar, ¿quién pidió a Dios que creara los alimentos? Después de todo, las frutas, los vegetales y los animales se crearon antes del primer hombre. El Creador no nos consultó antes de tomar la decisión de crear las fuentes de nuestro alimento, sino que lo hizo como expresión de su esencia como Creador, para compartir lo que Él tiene, sin importar si estamos o no allí para recibirlo. Ciertamente, en el momento en que acepto y disfruto lo que el Creador me ha dado, doy una respuesta al Creador y con ello cierro un círculo. Estoy cumpliendo mi parte en atraer unidad y paz al universo. Por lo tanto, no sólo no tengo motivos para dar las gracias a Dios, sino que en realidad estoy haciéndole un favor al participar en su proceso creativo. Al comer, manifestamos su pensamiento de compartir y distribuir. Si no recogemos la fruta y la comemos a tiempo, caerá del árbol y se pudrirá. De este modo se convertiría en un acto de creación no manifestado. Las bendiciones pueden verse, por lo tanto, no como agradecimientos, sino como canales cósmicos de comunicación.

Mencionamos ya que la conexión con *Biná* se manifiesta en dos aspectos, tal como está expresado en Génesis 1 y 2. El Génesis 1 trata de la creación de la realidad interior del mundo —el 99 por ciento— a través de *Biná*. El Génesis 2 narra la creación del aspecto externo del mundo —o 1 por ciento— que también es realizado por *Biná*. El aspecto interno, la conexión celestial, se llama *Zeir Anpín*. La realidad física externa, la tierra, se llama *Maljut*.

¿Pero cómo es posible que de *Biná*, el aspecto espiritual, surgiera también la tierra física? La realidad física oculta en su interior una conciencia de pensamiento interna llamada el Deseo de Recibir Sólo para sí Mismo; esto es *Maljut*. Todo lo que tiene una naturaleza física contiene esta conciencia. A lo largo del año disfrutamos del aspecto físico. Cuando consumimos alimento y bebida mientras establecemos los canales de comunicación a través de las bendiciones, podemos atraer abundancia solamente desde el aspecto externo de *Biná*. Éste es el mayor alcance que puede tener nuestra comunicación con *Biná* durante el año. En los demás días del año, sólo está disponible para nosotros el aspecto exterior de la conciencia de pensamiento de *Biná*.

Pero éste no es el aspecto que se revela en *Yom Kipur*. Tal como dijo el Arí, *Yom Kipur* es nuestra oportunidad, pues es cuando aparece el aspecto interno de *Biná*. Por lo tanto, cuando hacemos ayuno en esta festividad, cancelamos totalmente el Deseo de Recibir Sólo para nosotros Mismos.

He aquí el motivo por el cual cumplimos con las cinco restricciones en *Yom Kipur*. Cuando tales restricciones se cumplen, estamos bloqueando espiritualmente el Deseo de Recibir de nuestro cuerpo; sencillamente lo encerramos en el interior e impedimos que se exprese, neutralizándolo a través de las cinco restricciones. Sólo cuando hemos neutralizado el Deseo de Recibir Sólo para nosotros Mismos podemos conectarnos con la conciencia de pensamiento interna de *Biná*.

En el curso del año nos comunicamos a través de bendiciones —y sólo a través de ellas— con las cualidades internas de la conciencia de pensamiento externa de *Biná*. Este nivel de *Biná* corresponde en nosotros a la conciencia de pensamiento del Deseo de Recibir Sólo para sí Mismo, que es responsable de la activación del cuerpo físico. Es esta parte de *Biná* la responsable de la conciencia y la fuerza de vida que se encuentra en el alimento y la bebida. Pero aun dentro del cuerpo encontramos aspectos internos y externos. Esta distinción existe en todo, en cada estado de conciencia y en todas las *Sefirot*, incluyendo *Biná*. Las cualidades internas y externas, la Luz y la Vasija, están presentes en toda la Creación.

Así, durante el año actuamos a partir de *Maljut*, y por lo tanto nos conectamos sólo con las cualidades externas de *Biná*. Sin embargo, en *Yom Kipur*, a través de las cinco restricciones y la neutralización de la conciencia corporal, podemos conectarnos con las cualidades internas de *Biná*, esa conciencia desde la que podemos realizar cirugía en el ADN. Pero tal acción no puede consumarse utilizando la

Vasija de *Biná*; sólo es posible llevarla a cabo usando la Luz de *Biná*, una Luz que se nos revela únicamente en *Yom Kipur*. Puesto que el conocimiento es la conexión, si ayunamos y rezamos en *Yom Kipur* sin tener este conocimiento —sin comprender que la palabra *vidui* (confesión) está conectada con la palabra *vadaut* (certeza)—, entonces nunca estaremos seguros de que se haya establecido la comunicación con *Biná*. Por el contrario, si conocemos el propósito de las conexiones de *Yom Kipur*, tendremos la capacidad de establecer con certeza la conexión con *Biná*, con sus cualidades internas y externas —Luz y Vasija— requeridas para llevar a cabo la cirugía del ADN.

Ahora bien, en el momento en que nos elevamos por encima de la conciencia del cuerpo, dejamos de alimentarnos del aspecto externo de *Biná* y comenzamos a alimentarnos de sus cualidades internas. Para ayudarnos a comprender la esencia interna de *Biná*, el Arí nos proporciona un ejemplo que está tan cerca de sus cualidades internas como podamos imaginar. Al retirarnos de todo aquello que tenga la más mínima conexión con lo terrenal y comprender la razón de este acto, podremos conectarnos fácilmente a las cualidades internas de *Biná*.

El rezo, durante el cual murmuramos palabras y exhalamos aliento de nuestras bocas, es uno de los instrumentos que más nos acercan a la conciencia alternativa. Este instrumento fue preparado para nosotros por los Sabios. Es importante tener en cuenta que, excepto *Yom Kipur*, no existe otra celebración o fiesta en la que participemos en cinco servicios de rezo. Éstos corresponden al Árbol de la Vida: *Kéter*; *Jojmá*; *Biná*; *Zeir Anpín* (que contiene a *Jésed*, *Guevurá*, *Tiféret*, *Nétsaj*, *Hod* y *Yesod*); y *Maljut*. Pero, ¿cuál es el significado de los rezos que decimos en *Yom Kipur*? La respuesta es que estas conexiones son un medio de establecer los paquetes de energía —las *Sefirot*— con las que podemos crear un vínculo entre nuestra conciencia y las cualidades internas de *Biná*. Éstos son los mismos aspectos internos que el Arí describió como el aliento que sale de la boca.

En el noveno día del mes de *Tishrei*, en la víspera de *Yom Kipur*, estamos acostumbrados a comer en cantidad. Al hacerlo nos conectamos con el ayuno de *Yom Kipur*, en el décimo día del mes. La conexión entre estos dos días es muy estrecha porque, kabbalísticamente, está basada en la conexión entre *Yesod* y *Maljut*, las dos *Sefirot* que representan toda la sustancia del universo. *Maljut* se alimenta de *Yesod*, puesto que no tiene vida propia. El noveno día está conectado con la novena *Sefirá*, *Yesod*, mientras que el décimo día está conectado con *Maljut*. Tal como hemos comentado antes, generalmente es imposible lograr una cualidad interna —un tipo de Luz, como el alma— sin una cualidad externa o vasija como el cuerpo físico. Y puesto que en *Yom Kipur Maljut* se conecta directamente con el aspecto interno de la conciencia de *Biná*, surge la siguiente pregunta: ¿Dónde recibirá *Maljut* el aspecto externo requerido para manifestar su aspecto interno? El *Talmud* revela la respuesta en Tratado de Berajot, que dice que es esencial que en el noveno día comamos doble porción, con la intención explícita de que el alimento extra que comemos el día antes de *Yom Kipur* establezca la conciencia de pensamiento externa de *Maljut*. Éste es el instrumento a través del cual se revela el aspecto interno de *Biná* en el mundo de *Maljut*.

¿Pero cómo es posible establecer algo en *Maljut* mientras nos encontramos todavía en el noveno día, dentro del dominio de la *Sefirá* de *Yesod*? Es posible, pese a que *Maljut* está conectado al día siguiente, porque *Yesod* y *Maljut* están estrechamente conectadas una con la otra. No se puede realizar esta conexión entre otras dos *Sefirot* porque cada una de ellas mantiene su independencia. No obstante, otro factor que permite la construcción del instrumento de *Maljut* en el noveno día yace en la intención y la conciencia que inyectamos al alimento que comemos durante las comidas. Como nuestra intención es que el alimento establezca la conciencia de pensamiento externa de *Maljut*, esto es precisamente lo que ocurre. Es obvio que sin este conocimiento tal acción no podría manifestarse.

Ahora llegamos al tema de Aarón, el Sumo Sacerdote, y los dos machos cabríos. Puesto que hoy en día no existe el Templo, los sacrificios ni el Sumo Sacerdote, ¿cómo se relaciona la descripción que presenta el Levítico con nuestras vidas? Por supuesto, podemos hacernos una pregunta muy similar con respecto a la comunicación cósmica en Shabat, cuando mediante el rezo viajamos a través del tiempo y el espacio hasta la Revelación en el Monte Sinaí.

Por el momento no abordaré específicamente el significado detallado de la conexión que se recita en Shabat, llamada *Brij Shemei*, tomada del *Zóhar* y escrita en arameo. Evitaré asimismo desarrollar el tema de la actitud de uno hacia la *Torá*. Baste mencionar, por ahora, la opinión de varios devotos acerca de que el tiempo designado a la lectura de la *Torá* sería más apropiado si se utilizara para tener conversaciones fútiles con el prójimo o salir a tomar un poco de aire fresco.

Lo que queda claro de este "síndrome" contemporáneo es que la lectura semanal de la *Torá* no produce ningún resultado. En efecto, la mayor parte de las secciones que leemos parecen no guardar ninguna relación con nuestra vida moderna. Incluso los preceptos como "no matarás" parecen ampliamente irrelevantes, pues muy pocos de nosotros sentimos inclinación por asesinar o robar. ¿Y qué decir acerca de todos los preceptos que tratan del Tabernáculo y el Templo, los cuales no han existido por 2.000 años? ¿Cuál es el sentido de leerlos otra vez? ¿Por qué preocuparnos por ellos en Shabat? Todo aquel que guste de la lectura melódica está invitado a escucharla cada sábado, pero quienes además buscan un significado más profundo en la Biblia deberían preguntarse: ¿Por qué leemos realmente la *Torá*? La mayor parte de lo que leemos no tiene nada que ver con nuestra vida actual, o por lo menos eso creemos.

El *Zóhar* afirma que al recitar el *Brij Shemei* creamos una especie de vehículo mediante el cual es posible realizar un viaje a través del tiempo y el espacio directamente hasta la

Revelación en el Monte Sinaí. Ésta es, pues, nuestra oportunidad para conectarnos con el poder inmenso que se revela en tal evento cuando recibimos los dos primeros mandamientos directamente de la boca de Dios. Sin embargo, conectarnos con esta fuerza sin saber lo que hay detrás de ella nos dificultará pasar la semana en paz. Los Sabios, en su sabiduría infinita, decidieron integrar el *Brij Shemei* en el Sidur antes de sacar la *Torá* del Arca porque estaban familiarizados con el poder que personificaba el *Zóhar*. Nosotros somos como los buscadores del Arca perdida, salvo que para nosotros no está en absoluto perdida. El Arca, localizada en el Santo Santuario, fue un imán que atrajo el poder de la tranquilidad al mundo, para toda la humanidad y todas las formas de vida en la tierra. Ello duró hasta que el hombre, con su comportamiento habitual, destruyó el medio ambiente. El Arca aportó al mundo una energía vital pura que sostuvo todo el universo. Ésta es la energía con la que nos conectamos en Shabat. Para conectarnos con esta energía debemos regresar al Monte Sinaí, y según Rav Shimón dice en el *Zóhar*, esto es posible sólo a través de la máquina del tiempo llamada *Brij Shemei*.

El contenido aparentemente inconexo de las secciones semanales de la *Torá* sigue siendo un problema. El *Zóhar* también se ocupa de tratar este asunto. Nuestra existencia en el universo tiene dos aspectos: por un lado, nuestros dominios personales, que incluyen todo lo que se encuentra dentro de nosotros; y por otro, la Luz circundante, la gran influencia externa que irradia hacia cada uno de nuestros dominios personales. ¿Pero qué sucede con la conciencia de pensamiento negativa en cada Shabat, cuando nos encontramos al pie del Monte Sinaí y nos conectamos con el inmenso poder que allí se revela? ¿Qué ocurre con todos los criminales que están ahí afuera contaminando el universo con negatividad con cada una de sus acciones? ¿No somos todos parte del mismo universo? ¿Cómo podemos protegernos e impedir que sus acciones nos afecten? Con frecuencia nos encontramos haciendo cosas contrarias a nuestro deseo sólo como resultado de las acciones negativas de otras personas. ¿Cómo podemos protegernos de este fenómeno?

El *Zóhar* dice que al leer la *Torá*, al conectarnos con la energía representada por las *Mitzvot*, por ejemplo "no matarás", creamos a nuestro alrededor un escudo de protección. Decir "no robarás" al pie del Monte Sinaí crea un escudo protector, pero sólo alrededor de aquellos que no roban. En cada Shabat, leer el código cósmico místico contenido en la *Torá* —incluidas todas las prohibiciones y las *Mitzvot* mencionadas en las secciones semanales— nos ayuda a lograr personalmente dos objetivos. Los 248 mandamientos positivos son canales de comunicación para atraer la energía positiva: una fuerza de curación, éxito y paz. Una *Mitzvá* no es un mandamiento, sino una forma de unirse con la Luz. No existe un mandamiento para cumplir una *Mitzvá*, tal como no existe un mandamiento para ir a ver una película. Si la película es buena, vamos a verla, de lo contrario no lo hacemos. Del mismo modo, escogemos algunos alimentos simplemente porque los disfrutamos y evitamos otros porque no nos gustan. Las *Mitzvot* fueron pensadas para aquellos que sienten una especie de escasez de energía de vida y desean recargarse conectándose con la energía positiva bruta del universo: la energía revelada en el Monte Sinaí. En Shabat, cuando leemos sobre las *Mitzvot* relacionadas con el Templo, nos conectamos por esos canales a varios aspectos de la energía cósmica, independientemente de que el Templo no esté activo en la actualidad. Esto puede parecer extraño, pero es parte del código cósmico perfecto descrito en la *Torá*. No se pueden suprimir de la *Torá* las partes que no nos agradan, como tampoco se pueden cancelar parte de las leyes físicas con la excusa de que no nos gustan. Si una parte del código cósmico referido como *Torá* tiene valor, entonces toda la *Torá* lo tiene. Afirmar que la *Torá* contiene partes sin ningún valor implicaría asignar esa falta de valor a la *Torá* en su conjunto.

La *Torá* es un canal de comunicación muy poderoso y útil para aquellos que son conscientes de su poder. Es por ello que el fenómeno de la escasez de energía es tan común, igual que los problemas ambientales. La lluvia ácida, la reducción de las selvas, la contaminación del aire y el agua, el aumento de la tasa de mortalidad de los peces de agua dulce, todo esto es el resultado de un medio ambiente que está siendo purgado de la energía de vida que una vez tuvo. Este deterioro está causado por el Deseo de Recibir Sólo para sí Mismo de los seres humanos, por el pensamiento negativo del hombre. El ser humano ha agotado la energía del universo, por eso hoy sentimos la escasez de esa energía. La gente no puede imaginar la posibilidad de disfrutar los siete días de la semana, e incluso algunos están dispuestos a conformarse con disfrutar de un momento de felicidad en

todo el año. Por lo tanto, en Shabat, cuando leemos la
sección semanal de un pergamino kosher de la *Torá*, nos
alimentamos con la energía que necesitamos para esa
semana entera.

Si se utiliza un pergamino espiritualmente inadecuado
o imperfecto, no hay posibilidad ni de atraer energía a
nosotros mismos ni de enviar energía al universo. Los
pergaminos kosher de la *Torá* pueden ser escasos sólo porque
existen muy pocas personas que tienen el deseo y el
conocimiento para conectarse con la Luz mediante la lectura
de la *Torá*. Pero ahora vivimos en la Era de Acuario, una era
en la que las personas aprecian el conocimiento. Por este
motivo, en el Centro de Kabbalah sólo utilizamos
pergaminos kosher de la *Torá*, mediante los cuales logramos
conectarnos con la energía cósmica.

La *Mitzvá* de la lectura de la *Torá* procede de la
relación entre la sección semanal y nuestras vidas. La sección
semanal explica todos los eventos cósmicos que se espera que
ocurran en la semana siguiente; y al leerla nos aseguramos de
actuar durante toda la semana en un nivel alternativo de
conciencia, sin que los hechos y circunstancias sociales o
ambientales que no podemos controlar nos afecten. De esta
forma nos protegemos a nosotros mismos, semana tras
semana, durante todo el año. En cada Shabat se nos da la
oportunidad de corregir el guión esperado para la semana
siguiente, aquel según el cual nos veríamos afectados por
todos los eventos que ocurren en el universo que nos rodea.
Quizá estés pensando: "Pero si yo no robo ni asesino, si llevo

a cabo y cumplo con los mandamientos, ¿por qué debo leer estas partes de la *Torá* una y otra vez, año tras año?". La respuesta es que debemos trabajar con el código bíblico original con el propósito de crear un sistema de defensa basado en el principio cuántico.

Mientras que un hombre intenta mantener su integridad moral, otro está ocupado en sus actividades negativas inyectando negatividad al universo. ¿Cómo es posible evitar que esto nos influencie? Seamos o no responsables de la contaminación del medio ambiente, ésta ciertamente nos afecta. Somos el chivo expiatorio del medio ambiente; los errores y crímenes de otros se proyectan en nosotros. Aun cuando manejemos nuestra vida sin errores, seguimos sufriendo las consecuencias de las acciones de los otros. Y no tenemos forma de escapar a esto, excepto a través de la pared de protección que creamos a nuestro alrededor con la conciencia que alcanzamos mediante la lectura de la *Torá* en Shabat. Éste es el propósito de la lectura de la *Torá*.

Creamos esta pared protectora cuando leemos los diez enunciados, aun cuando podamos encontrarnos con *Mitzvot* que nos parezcan insignificantes. Cada vez que leemos las prohibiciones relacionadas sólo con el Templo, que tratan sobre el ritual de las impurezas y otros asuntos que aparentemente no están relacionados con nuestras vidas, creamos una pared protectora que impide a Satán y a sus enviados (que no son más que expresiones de la negatividad creada por otros) entrar en nuestras vidas y perjudicarnos. La lectura de la *Torá* en Shabat nos protege de estos efectos dañinos. ¿Cuál es la conexión entre eso y *Yom Kipur*? Todo lo que hemos mencionado no es más que una introducción, una aclaración sobre el macho cabrío, también conocido como el chivo expiatorio cósmico.

Como hemos dicho, leer la *Torá* en *Yom Kipur* nos permite conectarnos con el poder inmenso de *Biná* y construir nuestra propia pared de protección individual, que en los días del Templo, cuando los Israelitas conocían una sola forma de pensamiento (la forma positiva), estaba construida de forma colectiva para todo el universo. Cuando surgió el odio sin razón alguna entre los Israelitas, el Templo dejó de funcionar, el sistema de defensa cósmica dejó de trabajar y comenzó el efecto de influencia recíproca. Este efecto es el que nos hace sufrir por los errores de los demás y hace que la vida parezca azarosa. Según está escrito en el *Zóhar*, cierta vez Rav Shimón dijo a sus estudiantes que no salieran de la casa porque en aquel día —tal como sucedió en el tiempo de la Plaga de los Primogénitos, en la noche del Éxodo de Egipto— el Ángel de la Muerte tenía permiso para matar a cualquier persona que encontrara. Rav Shimón era la personificación de *Biná* en la tierra, y por lo tanto conocía los eventos esperados y podía advertir a sus estudiantes sobre ellos. Rav Shimón sabía todo lo que había sucedido y lo que iba a suceder en los confines del universo, más allá de los límites del tiempo, el espacio y el movimiento. Por consiguiente, él vio descender al Ángel de la Muerte. Cualquier otro día Rav Shimón podría haber prohibido al Ángel de la Muerte actuar y le hubiera ordenado volver al Mundo Superior tan rápido como había venido, pero no fue así en ese día. Por eso advirtió a sus discípulos que no abandonaran sus hogares.

Una mirada más profunda sobre Yom Kipur

La palabra kipur en su ortografía estándar se deletrea כפור (*Caf-Pei-Vav-Resh*). Estas cuatro letras forman dos combinaciones: כו (*Caf Vav*) y פר (*Pei Resh*). *Caf Vav* es igual a 26, el valor numérico del Tetragrámaton. El Arí, en *Las Puertas de la Meditación*, hace notar que la palabra Kipur contiene la codificación de *Cav Vav*, el mensaje codificado que utilizaremos para completar con éxito nuestra misión de eliminar la conciencia de Satán de nuestras vidas. De hecho, la festividad se llama *Yom Kipur* y en la *Torá* aparece en su forma plural. Esta pluralización apunta a la existencia de dos niveles de conciencia que sirven para completar la ejecución de la tarea. El nivel consciente y el enlace con el espacio exterior es el *Caf Vav*, que nos conecta con *Biná*.

Nos referimos a *Yom Kipur* como *Biná*. ¿Cuál es el significado de *Biná*? La conciencia. Sin entrar en detalles, puede decirse que *Biná* es el lugar donde nada es ilusorio.

Esto es así porque la ilusión pertenece sólo al reino de la mente y de los sentidos físicos, el reino de *Maljut*. Ahora, si bien *Biná* y *Maljut* son dos aspectos complementarios del Deseo de Recibir y por lo tanto deben integrarse, existe una diferencia básica entre ambos: *Maljut* contiene el Árbol del Conocimiento del Bien y del Mal. Cuando decimos que una persona ha obtenido la conciencia *Biná*, estamos hablando de una persona que no conoce la maldad, de una persona conectada con el Árbol de la Vida, que es todo *Jésed*, o como dice el Arí, una persona que ama hacer el bien. Ésta es la conciencia de *Biná*. Y se llama *Yom Kipur* porque en este día debemos integrar los dos aspectos del Deseo de Recibir. Sin duda, no hay nada malo en el deseo verdadero de recibir. Pero cuando éste incluye el Deseo de Recibir Sólo para sí Mismo, entonces es la conciencia de *Maljut*, en la cual lamentablemente se encuentra la mayoría de los seres humanos. Es la conciencia desde la que se suele decir: "Éste es el mundo real". Pero ¿qué clase de mundo real es el que sólo contiene caos, desgracia y enfermedad? ¿Existe un mundo real en el que no haya todo esto? Si hay algún hombre que viva en un mundo así, sólo puede ser un hombre espiritual que no esté involucrado en el odio.

La generación en la que el Templo fue destruido se caracterizó por el odio sin razón. Toda persona vinculada con el odio trae ruina y desorden al universo. Las buenas personas están conectadas con la conciencia de *Biná*, como Aarón, el Sumo Sacerdote, quien era todo *Jésed*. La *Torá* no nos dice que había una vez un sacerdote llamado Aarón que era el canal para la conciencia de *Biná*. ¿Por qué era entonces un canal para esta conciencia? Porque amaba a *Jésed*. En mi libro *El Poder del Álef Bet*, está escrito que se escogió a Aarón para este rol porque siempre estaba ocupado en llevar paz entre las personas. Él no se relacionaba con el odio, ni siquiera cuando era justificado, porque el odio no permite el logro de la conciencia de *Biná*. Sin esta conciencia, por más que nos sentemos en la sinagoga y oremos para siempre, no conseguiremos resultado alguno. No hay posibilidad de eliminar la conciencia del Oponente de nuestra vida si sentimos, por mínimo que sea, cualquier tipo de odio.

Parece que el resultado del mensaje codificado en *Yom Kipur* es que tenemos una adición a *Maljut*, que es el mundo físico. En el décimo día del mes de *Tishrei* nos vemos afectados por un fenómeno que se llama *Biná*. De todos los días del año, éste es el único en el que una inteligencia externa visita nuestro mundo, *Zeir Anpín* y *Maljut*, las siete *Sefirot* inferiores que componen nuestro mundo. Esta inteligencia externa se denomina *Biná*. Pese a que esta visita procede, efectivamente, de otro mundo, este mundo no se encuentra en otro lugar del espacio exterior, sino aquí y ahora, dentro y alrededor de nosotros. Para los científicos fue una desilusión descubrir que en Marte no habitaba ninguna criatura verde con antenas. Si es así, ¿dónde están estas criaturas que viven fuera del planeta Tierra? ¿Dónde se esconden? No, no se están escondiendo. Aunque *Biná* existe y está presente entre nosotros, se oculta a nuestros ojos para permitirnos eliminar el Pan de la Vergüenza.

Lamentablemente, cuando la *Torá* nos proporcionó
este evento que llamamos *Yom Kipur* y estableció que el
décimo día del mes de *Tishrei* sería el día más sagrado del
año, se introdujo inmediatamente un aspecto religioso
erróneo. Este día empezó a considerarse "un día lleno de
admiración religiosa", o un día en el que se supone que
debemos sentir tanta admiración religiosa que el concepto
de confesión se añade a nuestros rezos, un concepto que
no existe ningún otro día del año. Esta percepción es
engañosa y distrae la conciencia de los devotos, del tema
principal.

En *Yom Kipur*, *Biná* y *Maljut* juntan sus fuerzas; los
Reinos Superiores e Inferiores se unen en una sola entidad.
Y cuando te conectas con esta entidad maravillosa y
armoniosa, con esta conciencia remota, el mundo entero está
en tus manos. Por este motivo la *Torá* emplea la forma plural
Yom Kipurim y no *Yom Kipur*: para informarnos que en este
día están combinados ambos aspectos, personificados en la
letra aramea הַ (*Hei*), que aparece dos veces en el יְהוָה
(*Yud Hei Vav Hei*). Como ya hemos dicho, la letra *Yud*
corresponde a *Jojmá*, la primera *Hei* a *Biná*, *Vav* a *Zeir Anpín*,
la conexión con el espacio exterior, y la *Hei* final corresponde
a *Maljut*. Este es el estado potencial de la gran unificación
entre *Biná* y *Maljut*, cuya manifestación depende de la
conexión de cada persona con el estado potencial de
conciencia. Sin embargo, la unificación entre *Biná* y *Maljut*
no está disponible de forma inmediata para nosotros. Uno no
puede decir: "Voy a meditar y a conectarme", no es así de
simple; hay muchas leyes y condiciones preliminares que

deben cumplirse antes. Es preciso establecer muchos canales de comunicación para, posteriormente, alcanzar la conexión con *Biná*.

En *Yom Kipur*, *Biná* surge desde atrás de una cortina, sube al escenario y aparece ante nosotros de modo que nos permite conectarnos a ella. Pero si ni siquiera sabemos con qué nos queremos conectar, no importa cuánto oremos, cuánto nos confesemos ni el grado en que cumplamos con los otros principios. Si no sabemos con qué, dónde o por qué nos conectamos, nuestra conexión será inútil. Ciertamente, esto no significa que no debamos ir a la sinagoga o que tengamos que dejar de hacer aquello que nuestra voz interior nos indica. Todo lo que se necesita para establecer esta conexión es simplemente saber, y ese conocimiento nos permitirá manifestar la conexión.

Dijimos ya que durante diez días intentamos purificarnos y destruir la personificación de la conciencia negativa de la que somos responsables. Este proceso incluye diez secciones del reino de Satán. Cada día es necesario que eliminemos un aspecto de Satán, según las *Diez Sefirot* (una *Sefirá* cada día). Comenzamos con *Kéter* en el primer día de *Tishrei*. El segundo día de *Rosh Hashaná* nos purificamos y comenzamos a atacar y a destruir la *Sefirá Jojmá* de Satán. Luego, en el tercer día, tratamos con *Biná*. Y así hasta que llegamos al décimo día, cuando llegamos a *Maljut*. En este día cumplimos la misión de atacar y destruir a Satán, y como consecuencia nos conectamos con *Biná*.

Sólo el décimo día —en la décima *Sefirá*— puede tener lugar el ataque final y la destrucción de la encarnación de la energía negativa llamada *Maljut*. En el décimo día alcanzamos el nivel de purificación de *Maljut*, el Deseo de Recibir, que se convierte en el Deseo de Recibir con el Propósito de Compartir. Este nivel de purificación se logra atravesando varios estados durante los Diez Días de Arrepentimiento, que son iguales en importancia. En primer lugar, en la víspera de *Yom Kipur*, que es secundaria en importancia sólo respecto de *Yom Kipur* mismo, es especialmente importante que tengamos la conciencia correcta para comunicarnos con *Biná*. Dios ha designado a *Biná* para que nos asista en la vida. Por esta razón, el Creador ha dispuesto el universo de forma que una vez al año *Biná*, nuestra cuerda de salvamento y nuestra reserva de energía, abandone su reino de conciencia máxima y aparezca en nuestro reino. Este estadio sólo está disponible para *Biná* el décimo día del mes de *Tishrei*. Este es, por lo tanto, el significado de *Tishrei* y de *Yom Kipur*. No se trata únicamente de un día sagrado, un día de admiración, arrepentimiento y expiación. Es el día de *Biná*.

Todo esto proviene del *Zóhar* y de las escrituras del Arí. Estas escrituras, las cuales interpretan y explican el *Zóhar*, se han divulgado y han estado disponibles al público mucho antes de que se escribiera este libro. Si alguien tiene quejas, debería dirigirlas al Arí y a sus seguidores más cercanos, Rav Jaim Vital y su hijo, Rav Shmuel, quienes pusieron todo por escrito para poder impartirlo a las generaciones futuras. Estas palabras se escribieron y divulgaron sin restricción, pese a que siempre existió el peligro de que cayeran en manos equivocadas. Sin embargo, Rav Isaac Luria declaró que este conocimiento no es peligroso para nadie. Nos encontramos en la Era de Acuario, y ya no hay vuelta atrás. El hombre promedio de la calle es capaz de recibir esta comunicación. Es importante que comprendamos que *Yom Kipur* no es sólo un conjunto de *Mitzvot* y restricciones que debemos llevar a cabo, sino que es el día en que *Biná* se revela en la Tierra. Todas las acciones que realizamos durante este día en la sinagoga no son otra cosa que el resultado de un evento cósmico: la aparición de *Biná*, la conciencia más importante para el bienestar espiritual y la existencia física de todas las personas del mundo. He aquí el significado y la importancia de *Yom Kipur*. Todos los demás aspectos que rodean a *Yom Kipur* son secundarios.

En el Génesis 1:1 se lee: "Al principio creó Dios el cielo y la tierra". Por supuesto, este cielo y esta tierra no son los que nosotros conocemos, sino de las siete *Sefirot*, aquellos paquetes de energía o cualidades de la conciencia: *Jésed*, *Guevurá*, *Tiféret*, *Nétzaj*, *Hod*, *Yesod* y *Maljut*. Para ello fueron necesarios siete días de Creación. ¿Quién creó este fenómeno? ¿Quién creó el comienzo de la conciencia espiritual negativa de la que tratan los siete días de la Creación?

En los siete días de la Creación descritos en el Génesis 1 no se creó nada físico, sólo conciencia: siete niveles de conciencia de pensamiento, nada más. ¿Quién creó estos niveles de conciencia antes de que se hicieran realidad de modo espiritual, tal como expresa el Génesis 1, y antes de que se hicieran realidad de modo físico, tal como describe el Génesis 2? La respuesta es *Biná*. El *Zóhar* declara que la palabra *"bará"* (creado) explica esto, puesto que "briá" (creación) está conectado con *Biná*. Por lo tanto, el *Zóhar* nos revela el secreto de *Biná*.

La *Biná* cósmica es la fuente de todas las razones del mundo, es el origen de las siete *Sefirot*. Es difícil creer que esta conciencia de *Biná* sea lo que produjo la manifestación de todas las galaxias del universo, y por supuesto, de nuestra tierra también. ¿Por qué esta fuente, que existía antes del momento de la Creación, se nos revela ahora? Para que nos conectemos directamente con la fuente de la esencia de la Creación. Podríamos comparar esto con un médico que intenta alcanzar el feto mucho antes del proceso de nacimiento para determinar si tiene algún defecto. El médico aspira a conectarse con el feto para examinarlo e investigarlo y, de ser necesario, brindarle el tratamiento adecuado (o incluso una intervención quirúrgica) en su nivel fundamental. Éste es el propósito de *Yom Kipur*: no el de generar otra festividad o una carga adicional, sino el de ayudarnos a ejecutar una cirugía en nuestros casetes individuales, que están definidos de acuerdo con las reencarnaciones previas. Si somos capaces de conectarnos con la fuente original, con la creación de todas las creaciones, podremos convertirnos en los cirujanos de nuestros propios casetes y eliminar de ellos todas las secciones superfluas, aquellas que pueden introducir confusión, angustia, enfermedad y desorganización en nuestras vidas.

Si eliges la vida, y si en tu opinión todo a tu alrededor parece no tener esperanza ni solución, puedes estar seguro de que desde el punto de vista kabbalístico hay mucho por hacer. Sin embargo, debes estar seguro de que hay esperanza. Pues existe un día en el año que se llama *Yom Kipur*, a través del cual puedes conectarte con *Biná*, sentarte junto con *Biná* en el trono para consultarle acerca de la corrección y, de ser necesario, mejorar tu existencia en el año siguiente. En rigor de verdad, estamos regresando para corregir nuestro futuro. Pero todo esto es posible sólo si hemos destruido por completo el Deseo de Recibir Sólo para uno Mismo, personificado en Satán.

Aunque parezca extraño, el *Zóhar* y las escrituras del Arí revelan explícitamente que tenemos la capacidad de cambiar la realidad. El Arí plantea la siguiente pregunta: Cuando una persona, Dios no lo quiera, pierde un brazo, una pierna o cualquier otra parte del cuerpo, ¿por qué no le vuelve a crecer ese miembro? El Arí anuncia que en la Era de Acuario se descubrirá nuevamente el conocimiento capaz de hacer que el código genético de la persona reconstruya el órgano que le falta, tal como lo hizo cuando el feto se estaba desarrollando durante el embarazo. Este conocimiento se encuentra perdido desde los tiempos de Rav Shimón Bar Yojái. El Arí predice también que en la Era de Acuario ocurrirán muchos cambios en la forma en que nos relacionamos con el universo que nos rodea. Y cuando todos renazcamos espiritualmente, es evidente que también renaceremos físicamente. ¿Qué existió primero: el huevo o la gallina? No necesitamos volver a esta lección. Todos sabemos la respuesta: la entidad espiritual, el concepto o pensamiento, siempre precederá a la revelación y la expresión física. "El final de la acción comienza en el pensamiento", dijo el Kabbalista Rav Shlomo Alkabets de Safed, autor de la canción "Lejá Dodi". Detrás de cada evento físico reside el pensamiento primordial. Éste es el don que se nos da en *Yom Kipur*: no la religiosidad, sino la oportunidad de aumentar y mejorar la calidad de vida espiritual y física de todos los seres humanos.

Con esta comprensión de *Yom Kipur*, podemos avanzar hacia un entendimiento en la forma en que nos conectamos a *Biná*. Esto es lo que *Biná* nos ofrece en este día tan relevante, y ahora resulta obvio por qué es un día importante y sagrado. Sagrado significa entero, completo, perfecto y equilibrado. En contraposición con una línea, un círculo expresa una conexión perfecta, así como la ausencia de limitaciones. El *Zóhar* dice que en este día tenemos la capacidad de cambiar cualquier impedimento físico que pudiese presentarse en nuestra vida durante el año siguiente. Y si nuestros casetes contienen defectos, interrupciones, desesperación o sufrimiento, entonces tenemos la oportunidad, una vez al año, de cambiar todo esto con la ayuda de *Biná*.

Una vez tenemos claro el significado de *Yom Kipur*, podemos aprovechar la oportunidad y hacer uso del poder de *Biná*. Pero hay un prerrequisito: la promesa de Dios de que el ejército de Satán nunca podría utilizar la información que nosotros poseemos acerca de *Rosh Hashaná* y *Yom Kipur*.

Nuestra misión de ataque y destrucción está dirigida contra el ejército de Satán, contra las tropas de la Estrella de la Muerte, que aspira a causar caos, destrucción y muerte a todos los seres humanos. La acción de este ejército, y por desgracia también su poder, se manifiestan a través de actos contra la humanidad. Sin embargo, si nos preocupa que las tropas de la Estrella de la Muerte puedan hacer uso de esta información, podemos estar seguros de que *Yom Kipur* tiene un secreto, una válvula de seguridad que impedirá que esto suceda. Recuerda la traducción básica del nombre *Yom Kipur*: "un día como Purim". El *Talmud* y el *Zóhar* anuncian que hacia el final de la Era de Acuario, después de que la paz reine en la tierra, existirá una sola festividad, un único evento cósmico: Purim, que se celebra en el mes de Adar, bajo el signo de Piscis. ¿Por qué habrá sólo esta festividad? ¿Acaso la *Torá* no es eterna? En realidad, no lo es; el cuerpo de la *Torá* no es eterno, es parte del tiempo lineal. Su existencia comenzó 2.000 años antes de la creación del mundo para elevar la especie humana de su realidad lineal, cíclica y finita, a una existencia eterna de unidad. Purim es la primera festividad en la cual se hizo evidente la unidad entre los seres humanos, la realización del precepto "ama a tu prójimo como a ti mismo". Pero quizá uno debería preguntarse: si fuimos exitosos en Purim al realizar la casi imposible tarea de cumplir con el enunciado "ama a tu prójimo como a ti mismo", ¿por qué el pueblo persa no generó la Era de Acuario?

La respuesta es que no todas las almas estaban presentes en el mundo en aquel momento. Durante la

Revelación en el Monte Sinaí, todo el mundo estaba presente; sin embargo, no todas las almas que participaron en el Pecado del Becerro de Oro estaban presentes en Purim para rectificarlo. En el Pecado del Becerro de Oro, el Deseo de Recibir Sólo para sí Mismo levantó su espantoso rostro. En el festival de Purim, el rostro espantoso conocido también como Satán se dio por vencido, pero sólo para que todas las almas pudieran reencarnarse y aparecer nuevamente. Después de eso, seguimos arruinando la visión de la perfección y hemos continuado haciéndolo hasta el día de hoy. De todos modos, el código secreto de *Yom Kipur*, que explica cómo lograr la conexión cósmica con la conciencia de *Biná*, depende enteramente del cumplimiento del precepto "ama a tu prójimo como a ti mismo".

Esto nos conduce a otro tema. ¿Hay una semejanza entre Tishá beAv y *Yom Kipur*? En ambos días cumplimos las cinco restricciones, aunque por motivos diferentes. En el noveno día de *Av*, *Biná* no se revela. Tal como enseña la *Torá*, sólo en *Yom Kipur* aparece el aspecto interno potencial de *Biná*, y todo lo necesario para revelarlo reside en las acciones de este día y de los nueve días anteriores.

Una de las restricciones más importantes a cumplir durante *Yom Kipur* es el ayuno. En su volumen titulado *La Puerta del Espíritu Santo*, el Arí presenta meditaciones curativas para toda enfermedad imaginable. En este volumen también identifica un denominador común para todas las meditaciones curativas: el ayuno. La inclinación más importante y distintiva del cuerpo es el Deseo de Recibir, y no existe mayor neutralización de esta propiedad que el ayuno. Kabbalísticamente, la única razón por la que adviene una enfermedad es la manifestación del Deseo de Recibir Sólo para sí Mismo. Por tanto, la neutralización del deseo del ego elimina la fuente de la enfermedad e inicia el proceso terapéutico. La neutralización total del Deseo de Recibir excluye completamente toda posibilidad de enfermedad.

Sin embargo, el ayuno por sí solo no es suficiente; también es necesario meditar. En *La Puerta del Espíritu Santo*, el Arí afirma que este proceso, que ha permanecido en secreto desde los días de Rav Shimón Bar Yojái, se revelará a toda la humanidad en la Era de Acuario.

El Arí explica que a lo largo del año uno no puede vivir sólo de pan físico, sino que también es necesario conectarse con el aspecto interno del alimento con la palabra de Dios. El código cósmico encarnado en la *Torá* nos enseña que si no somos conscientes del aspecto interno llamado *hevel* (aliento) estamos limitados a participar exclusivamente del alimento físico. Los miembros de todas las religiones han entendido este concepto y elevan sus voces en plegaria antes de partir el pan. Sin embargo, este rezo debería contener una conexión con la fuerza interna que se encuentra dentro del pan. La frase "no sólo de pan vive el hombre" significa, en realidad, que el hombre no puede asegurar protección a lo que lo rodea, a menos que extraiga la conciencia interna de este pan y la integre a su existencia usando la bendición apropiada. Todo esto tiene lugar, como ya se dijo, una vez por año. Pero en *Yom Kipur* se sigue un método de comunicación diferente; en *Yom Kipur* nos comunicamos con el aspecto interno de *Biná*, que nos prepara para la cirugía del ADN.

Volvamos a la cuestión planteada en relación a los machos cabríos mencionados en Levítico 16:7-8: "Tomará Aarón los dos machos cabríos y los presentará ante Yahvé, a la entrada del Tabernáculo de la Reunión. Luego Aarón echará suertes sobre los dos machos cabríos, una suerte para Yahvé, y la otra para Azazel".

Repito, el tema de la matanza y sacrificio de animales puede parecer inhumano para muchos que la ven como una expresión de crueldad dirigida a los animales. Pero aunque el código bíblico denuncia explícitamente la crueldad contra los animales, el mismo código revela que existen animales que han venido a este mundo especialmente para ser sacrificados. Ésta es la forma en la que pueden compartir y atraer abundancia al mundo, avanzar en el proceso de *Tikún* (corrección) y lograr su propósito de creación. Por esta razón, no deberíamos evitar su sacrificio.

De la misma forma que una acción puede ser una bendición para unos y una ofensa para otros, lo que parece cruel a unos puede ser *Tikún* para otros. No tenemos la capacidad ni el derecho de determinar qué es y qué no es preferible para un animal. Sin duda, causar sufrimiento está estrictamente prohibido en cualquier circunstancia. De hecho, el ritual ceremonioso del sacrifico, según las leyes de Kashrut, se lleva a cabo utilizando un cuchillo afilado y absolutamente suave que atraviesa la tráquea y la arteria mayor que sube al cerebro. Según el *Talmud*, un animal sacrificado de esta forma siente como un golpe de viento que ha soplado en su cara y le ha llevado a descansar en paz. Por otro lado, disparar y matar a un animal, o darle muerte de cualquier otra manera, está prohibido tanto como el asesinato.

No estoy queriendo decir con esto que deban prohibirse todos los permisos de caza en el mundo, sólo quiero hacer notar que la *Torá* prohíbe completamente el uso de toda crueldad con los animales. ¿Pero quién puede determinar, desde una perspectiva cuántica, qué son el bien y el mal? Siempre que un animal no sufra, ¿quién está autorizado a levantarse y proclamar qué es malo para el animal y contrario a sus propios intereses? En mi opinión, la vida de un animal no debería quitarse a menos que a través de su muerte ese animal haya revelado un aspecto de compartir. Por lo tanto, puede decirse que generalmente los sacrificios mencionados en el código bíblico no están destinados a complacer a Dios, que no los necesita para nada, sino a cumplir con el propósito del *Tikún*.

La única diferencia entre un hombre y un animal radica en la intensidad del Deseo de Recibir. El animal tiene un coeficiente de inteligencia más bajo que el hombre, pero no porque su inteligencia sea menor, sino porque su Deseo de Recibir Sólo para sí Mismo no es tan fuerte como el manifestado por la raza humana. Los seres humanos gozan del privilegio y la responsabilidad de sacrificarse a sí mismos;

y un sacrificio no siempre se mide en términos de renuncia a la vida. Al contrario, existen muchas formas de sacrificio. Con tal que los animales no se sacrifiquen en vano, y siempre que ese sacrificio se realice conforme al tiempo y las instrucciones codificadas en la *Torá*, en este día específico el animal está lleno de alegría, pues ha logrado completar su *Tikún* personal.

Es verdad que al dar la leche a sus crías los animales también tienen la oportunidad de compartir, pero a través del sacrificio comparten con el universo entero en su nivel más elevado. La *Torá* aclara este punto cuando menciona el sacrificio. Los animales también tienen un destino, según el cual pueden servir de canales a la Luz y mejorar así la calidad del universo. Esta mejora beneficiará también a todas las frutas y vegetales, así como a todos los animales existentes en todos los reinos, incluyendo el nuestro. El hombre ha contaminado constantemente el mundo durante años, y por ello necesitamos unir nuestros esfuerzos para mejorar la calidad del universo. La actividad humana positiva es una forma de lograrlo. Conectarnos con la conciencia de *Biná* es otra forma de hacerlo. Porque lo que nos esforzamos por lograr para nosotros no es sólo para nosotros mismos, sino que es un simple paso en el camino para ayudar a la humanidad entera. La corrección del código genético de nuestros casetes personales es una condición que requerimos para ayudar a mejorar la calidad de vida de los demás. Sólo podemos compartir con otros aquello que ya tenemos, como el *Talmud* y la Kabbalah. Si sentimos paz y plenitud —si somos felices—, podremos compartirlo con los demás. Pero si estamos llenos de dolor, sufrimiento, desesperación y ansiedad, también podemos compartirlo con los demás. Lamentablemente, la gran mayoría de las personas está mucho más dispuesta a compartir sus cualidades negativas que sus cualidades positivas con su entorno.

Volvamos ahora a la pregunta sobre la relación entre el macho cabrío, las acciones del Sumo Sacerdote en el Templo y nuestras vidas aquí y ahora. Nosotros no tenemos Templo, ¿significa esto que no podemos alcanzar la reserva de energía llamada *Biná* y establecer esta comunicación? La *Torá* explica esencialmente todos sus numerosos aspectos: la colocación de las manos del Sumo Sacerdote en la cabeza del macho cabrío, el reparto de las suertes y la designación de un hombre para llevar uno de los machos cabríos al desierto. Pero estas *Mitzvot* son imposibles de realizar adecuadamente en nuestros días; entonces, ¿cómo podemos en esta era conectarnos con *Biná*? ¿Por qué tomarnos la molestia de tan siquiera considerarlo?

La respuesta ya se ha dado: en los tiempos del Templo, ninguno de nosotros se preocupaba con la cuántica porque el Sumo Sacerdote, a través del Templo, se ocupaba de ello por nosotros. El Templo estaba constantemente conectado a *Biná* y atraía energía al universo, energía que nos envolvía y protegía en todo momento de la maldad creada por aquellos que robaban, asesinaban o concebían un pensamiento negativo en cualquier lugar de la faz de la tierra. El Templo estaba situado en Jerusalén porque allí se encuentra el centro de energía del universo. El Santo Santuario en el Monte del

Templo en Jerusalén es donde el *Maljut* corregido (el Deseo de Recibir para Compartir) se revela en su forma más concentrada y poderosa. El Santo Santuario significa la totalidad de las totalidades, lo más armonioso de todo lo armonioso.

Allí es donde el Deseo de Recibir con el Propósito de Compartir se conectaba completamente con la Luz del Creador en un nivel cuántico. El Templo nos protegía de arranques descontrolados de energía en todo el universo, pero no sólo en la faz de la tierra; la armonía prevalecía en todos los planetas. Ninguna supernova estaba en erupción, como sucede actualmente. Reinaba armonía en el reino animal, vegetal e inanimado. El aire era limpio, el agua pura, la contaminación no plagaba el medio ambiente. El proceso de destrucción y erosión no tuvo lugar en el mundo mientras el Templo existió.

¿Qué podemos hacer hoy, sin el Templo, para defendernos de toda la energía negativa que contamina el universo? ¿Cómo podemos proteger el código genético espiritual, que incluye tanto el ADN físico como todas nuestras condiciones ambientales? ¿Estamos destinados a sufrir como un pez que nada en aguas contaminadas? ¿Estamos destinados a respirar aire contaminado? ¿Estamos destinados a vivir en un ambiente social y familiar desequilibrado, que también es consecuencia de la contaminación y destrucción del medio ambiente? ¿Cómo nos salvaremos de los terremotos, inundaciones y tormentas que son resultado de la negatividad que el hombre ha inyectado ya en el universo? ¿Cómo nos defenderemos? ¿Cómo tomaremos toda la energía negativa que hemos creado y la proyectaremos sobre un chivo expiatorio para que absorba toda la negatividad universal y nos deje a nosotros y a nuestro medio ambiente en un estado de limpieza energética perfecta? ¿Está en nuestro poder erigir una pared protectora que purifique no sólo el aire que respiramos y el agua que bebemos, sino también todo el universo en el que vivimos, incluyendo todas las galaxias? ¿Está en nuestro poder augurar un casete que contenga una vida libre de la negatividad que nos rodea?

La respuesta a estas últimas preguntas es afirmativa. Previamente hemos aprendido del *Zóhar* que la lectura de la *Torá* nos permite establecer una pared protectora cada semana. Ahora, en el contexto de *Yom Kipur*, daremos uso a este conocimiento.

El efecto cuántico es responsable del orden perfecto que reina en nuestro mundo, un mundo en el que cada efecto es precedido por una causa. Sin embargo, aquellos que no identifican las causas pueden quedarse con la impresión de que los efectos no son más que una serie de eventos dispuestos al azar. Por el contrario, nada es arbitrario en este mundo. La única cosa que parece crear un efecto de coincidencia es la actividad negativa de los seres humanos; el odio se personifica y se expresa de una forma que parece aleatoria. La energía negativa pospone la revelación de la Fuerza de Luz del Creador en el mundo. No obstante, este sistema da al hombre la oportunidad de eliminar el Pan de la

Vergüenza. Como El Templo no está presente para nosotros en la actualidad, la pared protectora que nos suministraba no está ahí para protegernos. Sin embargo, esta descripción es imprecisa, porque en realidad el Templo sigue existiendo actualmente, aquí y ahora, y también su poder. Pero el Templo, tal como dice Rav Shimón, está muy oculto en el reino físico. Como resultado, actúa y protege solamente a aquellos que lo conocen y saben conectarse con el inmenso poder que atrajo al mundo en el momento en que era visible. Hasta hace 2.000 años, el Templo ofrecía protección a todos, sin excepción. Ahora ofrece su protección sólo a aquellos que se conectan con él, como nos conectamos con él en *Yom Kipur*. Y esta conexión es la conexión a *Biná*.

Vivimos en un universo libre, donde todos los hombres disfrutan del Libre Albedrío. En el mes de *Tishrei*, Satán y su armada tienen permiso para manifestar el objetivo de su existencia. Por nuestra parte, nosotros tenemos permiso para crear la conexión con *Biná*. Pero tenemos un problema: ¿cómo evitamos la energía negativa que las personas han inyectado al universo? Ésta no desaparecerá simplemente porque la ignoremos. Para que podamos crear un ambiente global de paz y tranquilidad debemos realizar ciertas actividades, y es necesario que todas las personas del mundo participen en ello. En *Yom Kipur* se nos brinda la oportunidad de encontrar un chivo expiatorio sobre el cual proyectar toda la energía negativa que hemos acumulado durante el año y dejar que Satán y su ejército expresen su esencia en relación con ese chivo expiatorio. Satán insiste en su derecho de mantener su presencia en el mundo, y por ello, como un perro a la espera de un hueso, no se irá hasta que no reciba algo de nosotros.

El hombre ha inyectado negatividad al universo, tal como prueba fehacientemente la contaminación ambiental. Los bosques están muriendo y el agua pura desaparece día a día. Ya no hay aire puro para respirar, aire que se respire sin coste alguno. Según la Kabbalah, que algo deba pagarse es un signo de su carácter ilusorio, porque todas las cosas buenas en la vida que están conectadas al Mundo de la Verdad se nos dan sin cargo alguno. Los peces no cuestan dinero, cualquiera puede pescarlos con una caña y un anzuelo. El aire no cuesta dinero, cualquiera puede respirarlo. Las personas que están ocupadas comprando cosas caras sólo están tratando con la realidad física, el Mundo de la Ilusión. Pero Satán y sus huestes no habitan en el Mundo de la Ilusión. Ellos saben muy bien qué es real y qué no, y andan por ahí de caza en busca de una presa. En el mes de *Tishrei* demandan que se escuche su voz, y Dios les otorga la palabra. Por lo tanto, en este mes, ellos localizan a sus víctimas. La pregunta aquí es: ¿quiénes serán esas víctimas? De eso precisamente trata *Yom Kipur*, y este es el motivo por el que leemos acerca del chivo expiatorio cósmico en la *Torá*.

¿Por qué no utilizamos un dulce expiatorio o un león expiatorio en lugar de un chivo expiatorio? ¿Y cuál es el significado de la palabra *Azazel*? ¿Es la *Torá* tan poderosa que no podemos comprender los términos que utiliza? En esencia, la *Torá* permanece oculta y confidencial, como una raíz enterrada bajo tierra. Según Levítico 16:10, "El macho

cabrío que en suerte tocare a Azazel, lo colocará vivo delante
de Yahvé, para hacer sobre él la expiación y echarlo al
desierto, para Azazel". El macho cabrío se liberó en el
desierto en un lugar llamado Azazel. ¿Y cómo recolectó el
macho cabrío toda la energía negativa creada por la
humanidad en todo el universo durante el trascurso de un
año para atraerla a sí mismo? ¿Y todo esto en la pequeña
cabeza de un macho cabrío? ¿Cómo es posible? ¿Cómo
pueden las personas ser tan inocentes para creer estas cosas?

Para proteger todo el universo se necesita un Sumo
Sacerdote. ¿Cómo se escogía el Sacerdote o Cohén? En
Números 16, Kóraj se queja con Moisés por la forma en que
se le designó Sumo Sacerdote. Kóraj se revela, ¿y entonces
qué sucede? Logra así que todo el campamento se subleve
contra Moisés. Pero después de que la tierra se abriera y lo
tragara a él y toda su compañía, el Pueblo Israelita se queda
desconcertado, dividido y abatido. Esta situación trajo a los
Israelitas la tragedia del Pecado de los Espías, cuyos
resultados fueron perceptibles durante muchos años después.
En contra de la opinión de Kóraj, parece que no cualquiera
podía convertirse en Cohén, en un sacerdote, y mucho
menos en un Sumo Sacerdote.

¿Qué es tan especial de Aarón el Sacerdote? Esto es lo
que Kóraj no comprendió. No fueron los seres humanos
quienes escogieron a Aarón, tampoco Moisés, sino el
Creador. Aarón era la personificación de *Jésed*, la
personificación del dar y ocuparse por el prójimo. Por lo
tanto, él era ideal para servir como Sumo Sacerdote, para

transferir todos los pecados humanos a la cabeza del macho cabrío y crear de esta forma un escudo perfecto que protegiera a todos los habitantes del mundo de los problemas y desgracias durante todo el año.

Lo esencial del tema del macho cabrío es que podemos atraer bendición del pozo para todos nosotros, aunque la piedra que se encuentra en la boca del pozo sea muy grande. La piedra grande representa a Satán y su ejército. Ellos están de pie delante de la boca del pozo para alimentarse de él y no dejar que los hombres gocen del fruto de las bendiciones de Dios. ¿Cómo se los vence? En Los Salmos 23:5, está escrito: "Para mí Tú dispones una mesa ante los ojos de mis enemigos".

Rav Shimón ofrece respuestas a muchas de las preguntas que hemos hecho con respecto a los chivos expiatorios y otros temas afines. Él explica que la razón por la que Yosef decidió poner en prisión a Shimón, de entre todas las personas, es que Shimón y Levi siempre abrían la puerta del juicio. Esto es lo que pasó con Yosef y lo que pasó en Shejem cuando los dos hermanos asesinaron a todos los hombres de la ciudad con juicio absoluto y sin una pizca de piedad.

Por tanto, Rav Shimón nos advierte que no debemos entender las historias de la *Torá* de forma literal, sino que debemos usarlas como medio para comprender el código cósmico. Moisés separa a Levi de Shimón y del resto de los hermanos para que no despierte el juicio entre las tribus de

Israel. Yosef sabía que Shimón, el canal para el "juicio severo", junto con Levi, el canal para el "juicio blando", podrían conquistar y destruir el mundo entero. Al poner en prisión a Shimón, Yosef eliminó el poder del juicio del mundo. La tribu de Levi fue separada de las otras tribus, no se le dio ninguna tierra y se la santificó, destinándola a servir en el Templo, no porque hubiera puestos vacantes en el Tabernáculo de la Reunión, sino porque Yosef intentaba separarlos de Shimón para así separar estos dos tipos de conciencia negativa. La historia de Shejem no trata sobre asesinato y genocidio, sino que más bien demuestra que si se realiza la conexión completa entre dos conciencias negativas, Satán recibe poder ilimitado y provoca la destrucción y la ruina total al medio ambiente y la sociedad. Esta historia ilustra el principio por el cual cuando hay Libre Albedrío en el nivel espiritual, existe necesariamente una consecuencia en el nivel físico.

Rav Shimón explica que si queremos prevenir que ocurran desastres en la vida, debemos activar completamente el nivel espiritual para separar y neutralizar los dos tipos de juicio anticipadamente. Si no realizamos este esfuerzo, su acción destructiva en el mundo será el resultado inevitable. Yosef sabía esto, y por eso encarceló a Shimón en un nivel espiritual. Después de hacerlo, sabía que ya no tenía nada más que temer.

¿Qué es
SUCOT?

*S*ucot, como *Yom Kipur*, nos conecta con el poder inmenso del universo. Lamentablemente, igual que *Yom Kipur*, el significado de esta festividad ha sido ampliamente malinterpretado. Conocida también como Fiesta de las Cabañas, *Sucot* comienza el decimoquinto día de *Tishrei*. Según la mayoría de los comentadores, la intención de esta festividad es evocar las cabañas (*Sucot*, plural de *Sucá*) en las que habitaban los Israelitas en el desierto tras su Éxodo de Egipto. La celebración dura siete días.

La primera mención de *Sucot* en la *Torá*, en Éxodo 23, la describe como la Fiesta de la Recolección y como la última festividad de una secuencia de tres: *Pésaj*, *Shavuot* y *Sucot*. Por supuesto, *Rosh Hashaná* y *Yom Kipur* también son festividades, pero *Pésaj*, *Shavuot* y *Sucot* se consideran separadamente.

En particular, *Sucot* es una festividad de satisfacción y resignación. Sin embargo, estas palabras no deben interpretarse en el sentido común y corriente de estas emociones, sino que se refieren al crecimiento y renacimiento espiritual. Después de los diez días de *Rosh Hashaná* y *Yom Kipur*, en los que debemos tomar decisiones que nos ayudan en nuestra transformación, *Sucot* emerge como una festividad alegre. Pese a ello, muchas personas desatienden la observancia de *Sucot*, mientras que otras cumplen sólo con algunas partes de la festividad. Probablemente esto se deba a las molestias que ocasiona la construcción de la *Sucá* y tomar las comidas en su interior, lejos de "las comodidades del hogar". A algunos les parece demasiado trabajo para conmemorar un antiguo hábitat de la gente en el desierto.

De acuerdo con la Kabbalah, sin embargo, no celebramos *Sucot* ni ninguna otra festividad sólo para conmemorar algo que sucedió a nuestros ancestros. *Sucot* tiene una importancia cósmica, una significación que emerge de nuestro entendimiento de la *Torá* como documento codificado. Este código trata sobre el acto de la construcción de una *Sucá*, pero la causa de esta acción se halla en otra parte.

¿Tuvieron los Israelitas realmente la posibilidad de elegir el tipo de vivienda que se construyeron en el desierto? ¿Podrían haber alquilado apartamentos? Si no tenían elección y si sólo hicieron lo que debían hacer, ¿por qué el Creador crea en alusión a este episodio una festividad que interrumpe el curso normal de nuestras vidas? ¿Pasamos por todos estos inconvenientes sólo para recordar las duras condiciones que existían hace dos mil años? ¿Acaso no contradice esto las palabras de la *Torá*: "Por lo tanto, escoge la vida", en el sentido de una vida llena de comodidad y serenidad?

Con todo, el advenimiento de *Sucot* requiere que abandonemos nuestras casas durante siete días y vivamos en una *Sucá*. Debemos por lo tanto dilucidar el significado interno de este código cósmico que pueda darnos la explicación de tal práctica. En Levítico 23:39 leemos: "Celebraréis, pues, el día quince de este séptimo mes, después de haber recolectado los frutos de la tierra, la fiesta en honor de Yahvé durante siete días. El primer día será de descanso solemne, e igualmente el octavo".

En otras palabras, como estamos en el tiempo de la recolección, durante el cual nuestras necesidades materiales están satisfechas, damos gracias a Dios de una forma similar a la festividad laica de "Acción de Gracias". ¿Pero necesita Dios realmente nuestro agradecimiento? Leemos en Deuteronomio: "Desde el día en que empieces a meter la hoz en la mies, comenzarás a contar siete semanas; y después celebrarás la fiesta de los tabernáculos en honor del Señor, tu Dios, con generosas ofrendas voluntarias de tu mano, que ofrecerás conforme Yahvé, tu Dios, te haya bendecido. Y te regocijarás en presencia del Señor, tu Dios, tú, tu hijo y tu hija (...)".

De nuevo aquí parece que debemos dar gracias por la cosecha. Pero nuestro entendimiento de la *Torá* como un código nos indica que un suceso físico por sí solo nunca constituye el motivo de nada escrito en ella. El significado de la festividad, por tanto, no es un mero recordatorio de las duras condiciones en el desierto ni de la recompensa de la cosecha. Lejos de ello, la Kabbalah nos enseña que la celebración de *Sucot* nos conecta con el Creador, es decir, con nuestros aspectos internos que se parecen a Dios. Al establecer esta conexión, todo el sufrimiento, la desesperación y el dolor asociados con el reino físico desaparecen. De hecho, la *Torá* nos dice que debemos "escoger la vida", y esta elección no se limita al nivel material. Una vez comprendido esto, debemos ahora hacernos algunas preguntas que parecen referirse a la dimensión física, y cuyas respuestas correctas nos revelarán la verdadera significación cósmica de esta festividad.

¿Cuál es el propósito de *Sucot*? ¿Por qué cae en el decimoquinto día de *Tishrei*? ¿Cuál es el origen del nombre *Sucá*? ¿Y por qué debemos residir en una de ellas?

Una pregunta más específica se refiere al techo de la *Sucá*, que según las escrituras, debe estar hecho de árboles y nunca de metal ni de vidrio; también está escrito que debemos poder ver las estrellas a través del techo. ¿Por qué es eso importante? Y si el cielo se nublara esa noche, ¿no habríamos cumplido con este requerimiento?

También se nos dice que la sombra que crea el *Sejaj* (literalmente: "cobertura") no puede ser mayor que el área libre de sombra. ¿A qué se refiere esto?

Según la Kabbalah, las preguntas aquí formuladas nos guiarán a la verdadera realidad: la Realidad del 99 por ciento. No obstante, añadiremos algunas preguntas a fin de obtener más respuestas y forjar una conexión aun más intensa.

¿Por qué la recolección de los cultivos se realiza en *Tishrei*? Es claro que las razones puramente agropecuarias no son suficientes para explicar esto, por lo que debemos buscar una causa más profunda.

Según la interpretación tradicional de la festividad, *Sucot* unifica el Sol y la Luna y produce dos ciclos de armonía y terminación. Esto suena muy bien, pero ¿qué significa?

En Levítico 23:9 se enfatiza la conexión entre la festividad y la cosecha; su mención en Deuteronomio también hace hincapié en la recolección. ¿Consiste *Sucot*, por tanto, en agradecer a Dios por esto? ¿Y qué sucede con la mayoría de nosotros que no somos granjeros? ¿También debemos celebrarlo?

Algunos dicen que supuestamente la *Sucá* nos trae alegría y un sentimiento de seguridad. Pero lo cierto es que nuestros propios hogares nos dan mucha más seguridad que una *Sucá*. Es más, ¿cómo se supone exactamente que una *Sucá* nos traerá alegría? Debemos notar que ni *Pésaj* ni *Shavuot* están relacionadas con la alegría. Sin embargo, en Deuteronomio 16:15 está escrito: "Siete días celebrarás fiesta en honor del Señor, tu Dios, en el lugar escogido por Él; porque el Señor, tu Dios, te bendecirá en todos tus productos y en todas las obras de tus manos. Entrégate, por tanto, a la alegría".

Este pasaje se refiere solamente a *Sucot* y no a las otras dos festividades. De hecho, la conexión de la *Amidá* alude a que la única festividad en la que nos conectamos con la alegría es *Sucot*: "este festival de *Sucot*, temporada de regocijo".

¿Pero qué pasa con las otras festividades? ¿Hay alguna que no tenga relación con la alegría? ¿Acaso no puede haber gente que experimente más alegría en *Shavuot* o en *Pésaj* que en *Sucot*?

En Reyes I, 8:1-3, está escrito:

"Entonces Salomón reunió alrededor de él, en Jerusalén, a los ancianos de Israel, a todos los jefes de las tribus y a los príncipes de las familias de los hijos de Israel, para trasladar el Arca de la Alianza del Señor desde la ciudad de David, que es Sión. Concurrieron, pues, junto al rey Salomón todos los varones de Israel en la fiesta del mes de *Eitanim*, que es el mes séptimo. Cuando habían llegado todos los ancianos de Israel, los sacerdotes alzaron el Arca".

El Rey Salomón terminó de edificar El Templo en *Sucot*. ¿Fue planificado o fortuito que la construcción concluyera en el mes de *Eitanim*? La palabra *Eitanim* significa "fuerzas", y por lo tanto, éste es el mes de las fuerzas. ¿Pero cuál es el significado de trasladar el Arca de Sión a Jerusalén? ¿Por qué no se situó al Arca directamente en Jerusalén? ¿Por qué esperaron? Más adelante, en este mismo capítulo, Salomón pregunta: "Pero, ¿es verdad que Dios habita sobre la tierra? He aquí que los cielos y los cielos de los cielos no pueden contenerte, ¡cuánto menos esta Casa que yo acabo de edificar!".

Este puede parecer un final extraño para la construcción del Templo. ¿Por qué Salomón edificó El Templo en primer lugar si dudaba de la capacidad del Creador para permanecer en él?

Si no encontramos respuesta a las preguntas que acabamos de formular, podemos caer en la trampa de seguir la tradición ciegamente, por la tradición misma. Pero la respuesta a todas estas preguntas gira en torno a un hecho muy simple: la *Torá* nos fue dada para ofrecernos un entendimiento del universo, un discernimiento que va más allá de las aptitudes de nuestros cinco sentidos. Para conectarnos con la energía que beneficiará nuestras vidas, debemos hacer lo que se requiere de nosotros. En el universo se revelan energías diferentes en diferentes días, tal como ocurre con las estaciones del año. Sólo elevando nuestra conciencia podemos comenzar a comprender lo que está sucediendo en el reino de la Realidad del 99 por ciento. De modo que si la *Torá* afirma que el decimoquinto día de *Tishrei* es una festividad, algún evento cósmico que pueda beneficiarnos debe ocurrir ese día. El hardware cósmico está disponible en esta fecha, nosotros tenemos que instalar el software.

Según el *Zóhar*, *Sucot* está conectada con la conciencia de la columna izquierda de la Vasija. ¿Significa esto que estamos tratando con una festividad negativa? Por supuesto que no; la columna izquierda se basa en el precepto de que "la inclinación del corazón humano es maliciosa desde su juventud". El hombre nace con el instintivo Deseo de Recibir Sólo para sí Mismo. Durante el período entre *Rosh Hashaná* y *Sucot*, nuestro objetivo es transformar este deseo en el Deseo de Recibir con el Propósito de Compartir. Nuestra intención aquí no es destruir el Deseo de Recibir, sino cambiarlo para que opere según el principio de la columna derecha, el Deseo de Compartir. Utilizando el software de la *Torá* podemos realizar esto en *Sucot*.

En lo relativo a las acciones y las *Mitzvot* que se realizan en *Sucot*, Levítico 23:40 dice: "El primer día tomaréis frutos de árboles hermosos, ramas de palmeras, ramas de árboles frondosos y sauces del arroyo; y os regocijaréis en la presencia de Yahvé, vuestro Dios, por espacio de siete días". El texto alude al *Lulav* (palmera), *Aravá* (sauce), *Hadasim* (mirto) y *Etrog* (cidro), las cuatro especies con las que debemos regocijarnos durante la festividad. Pero si las Cuatro Especies constituyen un aspecto importante de *Sucot*, ¿por qué se llama esta festividad *Sucot*? ¿Por qué no se llama, por ejemplo, "la Fiesta del *Lulav*"? ¿Cuál es la importancia de las *Sucot*, de las cabañas? ¿De dónde viene la palabra "*Sucot*"? ¿Por qué se decidió que esta festividad debía tener lugar después de *Rosh Hashaná* y *Yom Kipur*? ¿Por qué no después de *Pésaj* y *Shavuot*? ¿Cuál es el significado de las Cuatro Especies?

Ya hemos aprendido que las escrituras de la *Torá* se originan en la conciencia cósmica, en la cual se desarrolla un pensamiento antes de manifestarse físicamente. Descifrar la *Torá* ayuda a mejorar nuestras vidas. La propia *Torá* lo dice: "Por lo tanto, escoge la vida". ¿Pero cómo lo hacemos? ¿Construyendo una cabaña en memoria de las *Sucot* que se erigieron en el desierto? Es evidente que no. El objetivo es crear una conexión con los eventos cósmicos que están ocurriendo en un momento particular a través de una acción u objeto físico. Ésta es la razón por la que celebramos *Sucot*.

La Kabbalah enseña que el cuerpo es tan importante como el alma. Para comprender el sentido de la festividad, debemos entender su aspecto material. Acerca de la *Sucá*, debemos entender primero el principio físico, pero no nos vamos a detener ahí. También nos preguntaremos por qué la *Sucá* debe construirse de una manera determinada y cuál es el efecto de su forma y sus dimensiones.

Antes de empezar a hablar de la *Sucá* como un instrumento para la conexión cósmica, debemos revisar un segmento del *Talmud* Babilónico que narra un desacuerdo entre Rav Eliezer y Rav Akivá. ¿Es la *Sucá* descrita en Levítico física o meramente simbólica, como esas nubes que acompañaron a los Israelitas por el desierto durante 40 años? A continuación, el *Talmud* describe la forma en que debe construirse la *Sucá*. A excepción de lo que se dice en la *Torá*, no existe otra descripción del significado de la *Sucá*.

La parte más importante en la construcción de la *Sucá* es el *Sejaj*, o cobertura. No hay ninguna otra cobertura que sirva excepto el *Sejaj*, que debe estar compuesto de algo que haya crecido del suelo, pero que ya no esté unido a él. Un árbol que da sombra, por ejemplo, no se considera un *Sejaj*. El *Sejaj* debe también construirse de forma que el área de sombra sea mayor que el área sin sombra. Para la construcción de las paredes puede utilizarse cualquier material. Dos de las paredes deben estar completas y la tercera puede ser parcial. No se requiere una cuarta pared.

¿A qué se debe todo esto? ¿Acaso los Sabios del *Talmud* se han convertido en constructores? No, pero ellos sabían cómo utilizar la Kabbalah para desarrollar la información que nos permitiera construir instrumentos eficaces para conectarnos con los eventos cósmicos. Durante los siete días y noches que dura esta festividad, la *Sucá* debe ser nuestra residencia principal, y nuestra casa debe ser vista sólo como una residencia temporal. Tenemos que comer nuestras comidas principales en la *Sucá*, así como también dormir en ella.

Pese a que conocen esta norma, muchas personas deciden cumplirla sólo en parte. Pero debe entenderse que sin la observancia total de la festividad, la energía cósmica comienza a debilitarse y gran parte de la conexión se pierde. ¿Cómo podemos resolver la aparente contradicción entre la preocupación por el mundo en *Sucot* y el origen de la festividad en el código cósmico y metafísico de la *Torá*?

Otro aspecto importante de la *Sucá* es la costumbre, iniciada por el Arí, de convocar a una figura bíblica diferente cada día de *Sucot*. Los *Ushpizin* (invitados especiales de cada día) son: Avraham, Isaac, Jacobo, Moisés, Aarón, Yosef y David. Cada invitado actúa como un canal para la energía de la *Sefirá* conectada con cada día. Hay asimismo una conexión en arameo que se recita para cada uno de los visitantes. Al invitar a los *Ushpizin* nos conectamos con ellos, y ellos a su vez nos ayudan a conectarnos con la Luz de las *Sefirot* y con el poder de las Nubes del Honor. Los *Ushpizin* nos ayudan a construir la Vasija que contiene la Luz del Creador que necesitamos para todo el año.

Después de hablar sobre la *Sucá* y nuestra estadía en ella, veamos ahora el segundo aspecto más importante de la festividad: las Cuatro Especies. En Levítico 23:40, está escrito: "El primer día tomaréis frutos de árboles hermosos, ramas de palmeras, ramas de árboles frondosos y sauces del arroyo; y os regocijaréis en la presencia de Yahvé, vuestro Dios, por espacio de siete días". El fruto de los árboles hermosos (cidros), son los *Etrog*; los árboles frondosos son los *Hadasim*; la rama de una palmera es el *Lulav*, y los sauces del arroyo son los *Aravot*. ¿Pero por qué debemos emplear las Cuatro Especies y por qué debemos regocijarnos con ellas?

Desde una perspectiva técnica, el devoto debe sostener las Cuatro Especies en sus manos durante el servicio de Halel, que se extrae del Libro de los Salmos (capítulos 113 a 118). Al principio del Salmo 118, la persona agita las especies, así como también durante la recitación del versículo 25 del mismo salmo. El *Lulav* debe tomarse en la mano derecha junto con los tres *Hadasim* y los dos *Aravot*, mientras que el *Etrog* se sostiene en la mano izquierda. ¿Pero cuál es el propósito de las Cuatro Especies? ¿Por qué se escogieron estas plantas en particular y no otras? Los rabinos llamaron a este proceso *Netilat HaLulav* o la Toma del *Lulav*. ¿Por qué este procedimiento no recibe el nombre de las otras tres especies? ¿Acaso son de menor importancia?

El *Zóhar* nos cuenta que los discípulos de Rav Shimón se encontraron en el campo con un hombre que había ido a recoger un *Lulav* para *Sucot*. El hombre les preguntó acerca del propósito de las Cuatro Especies en *Sucot*, y Rav Yossi respondió que habían deliberado sobre esta pregunta, pero que estaban interesados en escuchar su opinión acerca de tal propósito. El hombre replicó que su maestro, Rav Isaac, le había enseñado que *Sucot* es un tiempo para que cada uno se vuelva más fuerte ante las fuerzas de la oscuridad que han asumido el mando de todas las naciones del mundo. Así pues, las Cuatro Especies son una representación simbólica del nombre sagrado del Creador, y sólo a través de ellas podemos obtener el control.

Activamos el software del *Lulav* para poder conectarnos mediante el hardware, que es *Zeir Anpín*, a la reserva de energía en el aspecto personal del ADN. Esta forma de activación se logra "agitando" las ramas del software. Estas agitaciones permiten la recepción de mensajes que se transmiten al espacio, tal como ocurriría con un satélite o una antena. A través de esta agitación aumentamos la recepción de nuestra antena, las Cuatro Especies.

La conexión requerida se consigue cuando estas sacudidas se realizan junto con las meditaciones indicadas por el Arí. Las direcciones a las que debe apuntarse el software son seis: este, oeste, sur, norte, arriba y abajo. Vale aclarar que cuando hablamos de las direcciones, nos referimos a la conciencia de pensamiento que comienza y se extiende en esas direcciones. Por lo tanto, cuando hablamos de la dirección "sur" nos referimos no sólo a la dirección física, sino también al "sur" que, según la sección de Vaera del *Zóhar*, es el origen de la conciencia de pensamiento llamada *Jésed*. El *Lulav* nos conecta con esta energía, y este conocimiento nos ayuda a establecer una conexión con la reserva de energía de *Zeir Anpín* con propósitos genéticos. Por lo tanto, siempre que nuestra conexión a la energía llamada *Zeir Anpín* incluya seis *Sefirot* o energías, podremos activarla al agitar el software. En nuestras mentes, las sacudidas están guiadas por el pensamiento de que en el sur podemos conectarnos con la conciencia de pensamiento llamada *Jésed*. Debemos cumplir estos seis ciclos, pues ellos representan la composición de *Zeir Anpín* y nuestro objetivo es conectarnos con *Zeir Anpín* para recibir su inmensa energía. Dado que *Zeir Anpín* contiene seis energías de pensamiento, debemos dirigir la antena física y metafísica apropiadamente. Así es como establecemos la conexión adecuada con *Zeir Anpín*.

Comenzamos dirigiendo nuestro software hacia el sur, mientras nuestros pensamientos están sintonizados con *Jésed*. Puesto que inicialmente estamos mirando hacia el este, el sur se encuentra a nuestra derecha. Después de girar hacia el norte, que es *Guevurá*, volveremos al este con nuestros pensamientos concentrados en la columna central, *Tiféret*. Estas tres *Sefirot* o energías forman el potencial del triángulo superior. Para ampliar la conexión, sintonizamos con Avraham en el sur, con Isaac en el norte y con Jacobo en el este. Así formamos el triángulo superior del *Magen David* (la Estrella de David), creando un escudo protector. Con el software de los cuatro Reinos de la Vida nos hemos conectado a la "Luz de Jasadim", a la que ahora estaremos vinculados no sólo de forma metafísica, sino también física, para proteger nuestra vida en este nivel. Aun cuando dicho pensamiento se denomine "potencial", debemos introducirlo en nuestra realidad. Luego, la cuarta sacudida, que se dirige hacia arriba, debe efectuarse con el pensamiento orientado a la conexión con *Nétsaj*, cuyo canal es Moisés. Y al dirigir las sacudidas hacia abajo, mientras el extremo del *Lulav* todavía apunta hacia arriba, nos conectamos con *Hod*, la columna izquierda, para la que Aarón, el Sumo Sacerdote, actúa de canal. La última sacudida, hacia el oeste, nos conecta con *Yesod* y el canal de Yosef el Justo.

Hay que tener en cuenta que cada sacudida del *Lulav* en su respectiva dirección es, en realidad, una combinación de tres movimientos iguales: se agita hacia afuera y se regresa tres veces en cada dirección. Así, las tres sacudidas corresponden a la estructura básica del sistema de tres columnas. La conciencia de pensamiento requerida para el uso de las Cuatro Especies contiene una dimensión adicional, que hace uso de las letras del Nombre Explícito para fortalecer la acción de las Cuatro Especies. Las tres primeras letras denotan las columnas derecha, izquierda y central.

Este sistema fue enteramente diseñado por Rav Isaac Luria; él lo estudió y lo extrajo del *Zóhar* para asistirnos en el logro de nuestra meta de "escoger la vida". Valernos del *Yud Hei Vav Hei* nos permite aprovechar el poder de *Zeir Anpín* para eliminar cualquier obstáculo de nuestro sistema físico y, al mismo tiempo, recomponer el ADN con el fin de asegurarnos un futuro sin destrucción, desesperación ni dolor. Es necesario que comprendamos cómo llegamos a cada letra y combinación, porque cuanto mayor sea nuestro conocimiento, mejor será nuestro canal hacia *Zeir Anpín*.

Analicemos ahora dos aspectos adicionales de las sacudidas. El primer aspecto es la ejecución de tres sacudidas en cada una de las seis direcciones, lo cual crea un total de 18 sacudidas. En numerología, el 18 equivale a jai, ‏חי‎ , que significa "vida". De modo que el conjunto de sacudidas nos inyecta la fuerza de Vida y nos conecta con el Árbol de la Vida. El segundo aspecto es la integración de las sacudidas en el servicio de Halel. En numerología, Halel equivale a *Adonai*, que está relacionado con *Maljut*. El Halel también está compuesto por Salmos escritos por el Rey David (el canal de la *Sefirá* de *Maljut*). De esta manera, la combinación de las sacudidas del *Lulav* (el canal de comunicación con *Zeir Anpín*) y el servicio de Halel (el canal de comunicación con

Maljut) nos brinda la gran oportunidad de unir a *Zeir Anpín* con *Maljut*; y una vez que hemos logrado esto, establecemos dentro de nosotros el poder de la Luz del Creador. Este esfuerzo es como una cirugía metafísica que se realiza para eliminar los virus espirituales, desbloquear la energía y reparar los defectos que hemos desarrollado durante el año anterior en nuestro ADN espiritual y físico.

Finalizamos nuestra comunicación con las Cuatro Especies mediante las *Hakafot*, en el que caminamos en círculo dentro de la *Sucá*. Esto nos conecta con la Luz Circundante del aspecto de *Zeir Anpín* mientras recitamos versos dispuestos en orden alfabético. En estos versos también está cifrado el poder de *Yud Hei Vav Hei* y, por lo tanto, completan la acción de curar el ADN y reforzar el sistema inmunológico.

Las Cuatro Especies pueden ayudarnos a nosotros mismos y a toda la humanidad. Según el *Zóhar*, las Cuatro Especies son la forma de recibir la bendición para el año entero. El *Zóhar* también especifica que si no aprovechamos esta oportunidad única en el año para atraer energía, no podremos introducirla en nuestras vidas.

Una mirada más profunda sobre Sucot

Para entender verdaderamente la festividad de *Sucot*, debemos aclarar primero cuál es la conexión entre *Pésaj*, *Shavuot* y *Sucot*. Kabbalísticamente, el número tres simboliza los tres componentes de todos los poderes del Creador: las columnas derecha, izquierda y central. Así pues, el *Zóhar* dice que cada una de estas tres festividades constituye un componente de una energía integral y única: *Pésaj* es la columna derecha, *Shavuot* es la columna central y *Sucot* es la columna izquierda.

De acuerdo con la Kabbalah, no hay nada de malo en el Deseo de Recibir, pues éste es el medio a través del cual se expresa el poder del Creador. El Creador no tiene necesidad de expresarse a Sí mismo, pero sí tiene la necesidad de compartir. Sin embargo, para poder hacerlo necesita una vasija, que es la energía de pensamiento del Deseo de Recibir.

Sin el Deseo de Recibir, pues, el Deseo de Compartir del Creador no puede manifestarse.

No debe renunciarse al Deseo de Recibir; sin embargo, durante los primeros diez días de *Tishrei*, cada uno debe transformar conscientemente su Deseo de Recibir Sólo para sí Mismo en Deseo de Recibir con el Propósito de Compartir. Esta transformación crea un circuito de energía. El lugar de Jerusalén donde se edificó el Templo Sagrado era el punto con mayor Deseo de Recibir de toda la tierra; pero este sitio tenía la cualidad innata del Deseo de Recibir con el Propósito de Compartir, de ahí su condición de centro de energía del universo.

¿Cuál es la programación del tiempo cósmico? En el nivel físico vemos la Luna llena. ¿Por qué ocurre esto en el decimoquinto día de *Tishrei*? ¿Qué hace que el Sol y la Luna estén posicionados de tal manera que la Luna parezca estar llena cuando se la observa desde la superficie de la tierra? La respuesta codificada en la *Torá* es la siguiente: en el decimoquinto día de cada mes, la Luna y el Sol se encuentran porque hay una unión perfecta entre *Zeir Anpín* y *Maljut*. En este día, *Maljut* recibe sin interrupción la energía del Sol y el Sol le da toda su fuerza a la Luna. Éste es un evento cósmico maravilloso que ocurre el día quince de cada mes.

¿Qué tiene entonces de especial el decimoquinto día de *Tishrei* que lo distingue de otros meses? ¿Por qué este mes se distingue de todos los otros? *Pésaj* se celebra el día 15 de *Nisán*, pero en *Pésaj* hubo una gran carga de energía que desapareció al día siguiente. Como cuando sentimos resaca después de una fiesta, hubo energía, pero ya no está y sentimos la falta. En *Sucot* podemos conectarnos con una energía similar a la del día 15 de *Nisán*, pero no queremos que se disperse; en su lugar, queremos que se quede al menos durante un año. Queremos conectarnos con la unificación que también tiene lugar en *Pésaj*, pero con una gran diferencia: mientras que en *Sucot* conservamos esa energía como parte de nuestro universo individual, en *Pésaj* esto no puede realizarse.

Pésaj, el decimoquinto día de *Nisán*, es un regalo maravilloso, pero no es un regalo que nos hayamos ganado. Este don permitió el Éxodo de Egipto, pero según el concepto del Pan de la Vergüenza, no lo hemos preservado. En pocas palabras: no nos ganamos la energía de *Pésaj*. En *Rosh Hashaná* y *Yom Kipur*, por el contrario, nos ganamos la energía al transformar completamente el Deseo de Recibir Sólo para sí Mismo en el Deseo de Recibir con el Propósito de Compartir, un cambio total que debe realizarse a conciencia. Debido a esos diez días, el Creador vio conveniente inyectar al mundo la misma energía potente que en *Sucot* (la Luz de la Sabiduría), *Or DeJojmá*; de ese modo habría una vasija para recibir la energía. Una vasija que había sido refinada durante diez días.

En *Sucot* entramos en otro reino del universo. A diferencia de *Pésaj*, en *Sucot* podemos preservar esta energía utilizando la fuerza de restricción, el poder de la columna central, que se ha reforzado en los días transcurridos entre

Rosh Hashaná y *Yom Kipur*. *Sucot* fortalece el Deseo de Recibir y lo prepara para su utilización, porque en los diez días entre *Rosh Hashaná* y *Yom Kipur* construimos un Deseo de Recibir que puede tratar con la intensidad más alta de energía, tal como la energía que da a la Luna la apariencia de estar llena.

Esto requiere un poco de esfuerzo de nuestra parte, porque la *Sucá* no es una simple carpa; también es un sistema de comunicación. Los eruditos del *Talmud* funcionaron como verdaderos científicos al determinar los requisitos físicos para construir la *Sucá*. Debemos entender que en la *Torá*, la palabra que aparece es vezajarta ("y lo recordarás"), que no deriva de la palabra *zikarón* (memoria), sino de la palabra *Zajar* (varón). ¿Y qué es el varón? Él es el líder, el viaducto, el que da vida. El hombre tiene el esperma, la mujer no. Esto no es machismo; se trata de un fenómeno físico que indica una fuente metafísica. En *Sucot* podemos conectarnos con *Biná* y tomar la cantidad de energía que deseemos, porque la hemos ganado; y para lograr esto, debemos construir un sistema cósmico de comunicación metafísica. Ahora bien, ¿cómo expresa la estructura de las paredes, los árboles y las ramas esta comunicación metafísica?

¿Cuáles son los eventos cósmicos que llevaron al *Zóhar* a designar a *Sucot* como la columna izquierda, a *Pésaj* como la columna derecha y a *Shavuot* como la columna central? Tal como hemos visto, el objetivo de *Rosh Hashaná* era llegar al almacén de energía de *Biná* sorteando los obstáculos que el lado negativo interpusiera en nuestro camino. Desde *Rosh Hashaná* hasta *Yom Kipur*, utilizamos el software que recibimos para eliminar estos obstáculos y llegar al almacén de energía. Además, hemos aprendido que en *Tishrei* nuestra intención era obtener acceso a la mayor cantidad posible de energía; cuanta más energía atraigamos, mejor será nuestro año en cuanto a bienestar físico, mental y espiritual. El objetivo es agrandar la vasija, porque la cantidad de energía que recibimos depende de la capacidad de la vasija, y la capacidad de la vasija está relacionada con el Deseo de Recibir.

Por lo tanto, el objetivo de *Sucot* es construir canales que nos permitan obtener el nivel máximo de beneficencia para el año siguiente. Ésta es una batería que debemos cargar a lo largo de todo el año. El decimoquinto día de *Tishrei* es importante porque la energía abunda y todo alcanza la realización y la madurez. La cosecha es simplemente una expresión física de un estado cósmico en que el Sol y la Luna están unificados. El Sol da toda su fuerza a la vasija de la Luna y, en consecuencia, la Luna parece estar llena. En *Sucot*, que es la columna izquierda, estamos buscando la energía que requerimos para todo un año. Existe sólo una forma de conectarse con la energía, y es a través de nuestro Deseo de Recibir. Sin embargo, debe ser un Deseo de Recibir con el Propósito de Compartir, porque ésta es la única forma de conectarse con la energía sin restricciones.

Acerca de *Pésaj*, el *Zóhar* alude a lo que sucede el día 15 de *Nisán*, día en el que recibimos un gran empuje de energía sin haber tenido la oportunidad de ganárnosla. En *Nisán* no tenemos una vasija con la capacidad suficiente, porque nuestro Deseo de Recibir Sólo para nosotros Mismos no ha sido transformado; no nos hemos ganado aun el evento cósmico que creó el Éxodo de Egipto. Según el *Zóhar*, el Éxodo de Egipto fue necesario porque los Israelitas se encontraban en la entrada de la cincuentava puerta de la negatividad, que es el control completo del lado negativo.

En *Pésaj* no existe un proceso de conexión; el evento cósmico de este día no demanda la construcción de un Deseo de Recibir con el Propósito de Compartir. En *Pésaj* deseamos asemejar nuestra forma a la de la Luz, y éste es el concepto de la *Matzá*. En la *Matzá*, todos los aspectos internos del pan que manifiestan el Deseo de Recibir Sólo para sí Mismo se cancelan. Al comer la *Matzá*, expresamos una forma semejante a la fuerza maravillosa que resultó en el Éxodo de Egipto.

Hay cuatro días entre *Yom Kipur* y *Sucot*. Cada día en *Tishrei* es parte del hardware cósmico, por ello debemos comprender el significado de cada uno. En su libro *Las Puertas de la Meditación*, el Arí afirma que durante los días que transcurren entre *Yom Kipur* y *Sheminí Atséret* (el Octavo Día de la Asamblea) todo está orientado para acercarse a la energía de la columna derecha. Cuando llega *Yom Kipur*, ya hemos programado el Deseo de Recibir Sólo para sí Mismo de forma que se ha convertido en Deseo de Recibir con el Propósito de Compartir; ahora debemos abarcar la columna derecha.

El Arí dice que la atracción de energía tiene lugar a través de dos canales paralelos. El primero es directamente desde *Biná*, y el segundo es a través del Sol, a través de *Zeir Anpín*. Nos estamos refiriendo a la energía positiva llamada "Luz de Jasadim". El primer canal nos aporta esta Luz en la forma de Luz Circundante, que es el ADN de la protección ambiental que necesitamos; éste envuelve todo el universo y da forma a nuestras relaciones con todos y con todo. El segundo canal trae Luz Interna, que nos llega directamente, y que está relacionada con nuestras propias necesidades individuales. Esta energía se atrae a través de *Zeir Anpín*.

Así como todas las entidades tienen dos componentes: alma y cuerpo, interno y externo, cuando hablamos de la Luz Circundante que controla el ADN ambiental, hay dos canales con los que debemos tratar: el cuerpo y el alma. Para crear una conexión con *Biná*, es preciso establecer los cables metafísicos que nos conectarán con ambos canales. Por lo tanto, tenemos que encontrar los canales metafísicos y su expresión en el nivel físico. La energía interna de ambos canales proviene del conocimiento. Por tanto, si no sabemos por qué se construyeron estos dos canales, no podremos hacer que la energía fluya a través de ellos. Esto podría compararse con las líneas telefónicas sin energía eléctrica: la energía eléctrica es el conocimiento y la meditación. De acuerdo con lo escrito en *Las Puertas de la Meditación*, la energía ambiental de *Biná* llegará sin la construcción de ningún canal físico. Los canales para la atracción de esta energía son los días entre *Yom Kipur* y *Sucot*, ellos atraerán la energía ambiental de *Biná*. La *Sucá* constituye el segundo canal, el canal físico, cuyo propósito es atraer la energía interna de *Biná*.

En efecto, el Arí nos suministra el conocimiento para estos cuatro días entre *Yom Kipur* y *Sucot*. Esta pausa entre ambas festividades no es accidental. En el mes de *Tishrei*, el mes de *Eitanim* (fuerte), cargamos nuestras baterías para todo el año. Éste suele ser un mes poderoso. El Arí dice que en estos cuatro días se nos da la oportunidad de crear el software que nos permite conectarnos a la energía de Luz de tipo ambiental. Estos días constituyen los canales de comunicación para la Luz Interna. Todo el mundo nace con Luz Interna, porque de lo contrario el cuerpo no podría moverse. Ésta es la energía interna de la Vasija.

Recibimos la Luz Interna en virtud del poder único de cada día. Los cuatro días representan a *Kéter*, *Jojmá*, *Biná* y *Zeir Anpín*. ¿Pero cómo manifestamos la energía que hemos recibido estos días para crear un escudo protector para todo el año? La respuesta está en la *Sucá*, que nos incluye y nos rodea y, según el Arí, establece la conexión con la Luz Circundante. Por lo tanto, el escudo protector se crea con los dos elementos: el primero son los cuatro días entre *Yom Kipur* y *Sucot*, y el segundo es la *Sucá*.

¿Cómo supo el Arí que la *Sucá* nos suministra esta protección? El nombre que la *Torá* da a la *Sucá* arroja luz sobre al conocimiento de su auténtico significado. Las letras en arameo de la palabra *Sucá*, סוכה, son una combinación de וכ (=26) y סה (=65). Su valor numérico total es 91, que también es el valor numérico de las letras de la palabra "Amén", una combinación de *Yud Hei Vav Hei* (=26) que representa a *Zeir Anpín* y *Adonai* (=65), una unificación del cielo y la tierra. Esto es exactamente lo que necesitamos: tomar el universo interior y conectarlo con el universo exterior, porque ésta es la única manera de asegurar nuestra protección periférica. Una vez que hemos consolidado la Luz Interna —el instrumento que debe tratar con la energía del ADN ambiental durante los cuatro días— llegamos al quinto día, que representa a *Maljut*. Es entonces cuando comenzamos a usar la *Sucá*. Por medio de la energía de *Sucá*, atraemos Luz Circundante y formamos físicamente el escudo protector. Ahora podemos comprender por qué el *Sejaj* (el techo de la *Sucá*) debe construirse de modo que nos permita ver las estrellas. Porque debemos unificar nuestro propio mundo personal con el espacio exterior. Éste es el significado de la *Sucá*, pues al observar las estrellas creamos la conexión cósmica. Las estrellas no son meros cuerpos celestiales insignificantes.

La ciencia asegura que ciertas estrellas han dejado de existir, a pesar de que su luz nos está llegando ahora. Pero la Kabbalah nos enseña que estas estrellas han regresado a su estado potencial porque ya han cumplido su función. Cada estrella tiene un propósito. Según el *Zóhar*, ninguna hoja ni brizna de hierba puede crecer sin la Luz de su estrella individual. Cuando observamos las estrellas, creamos una conexión con el universo. Éste es el motivo del requisito especial del *Sejaj*.

El ritual dice que debemos cortar ramas, nunca papel, metal ni otra materia prima. La condición de que los árboles del *Sejaj* ya no estén conectados al suelo responde a la necesidad de que permanezcan separados de *Maljut*, que es el Deseo de Recibir. La conexión que debe hacerse es entre el Deseo de Recibir y *Zeir Anpín*, que es la *Sucá*.

Los árboles crecen hacia arriba, contra la fuerza de gravedad, porque tienen una fuerza interna que intenta desconectarse de *Maljut*. Dentro de ellos existe el poder de dar, el poder de *Zeir Anpín*. De hecho, mientras las ramas que cubren la *Sucá* estén conectadas al árbol y a través de él al suelo, éstas poseen la energía interior del Deseo de Recibir con el Propósito de Compartir. Las paredes de la *Sucá* se consideran *Maljut*, pues están conectadas con el suelo; pero como las ramas del *Sejaj* son independientes y no crecen de la *Sucá* ni del suelo, poseen una energía interior diferente. Los eruditos del *Talmud* diseñaron este software minuciosamente y con cuidado, porque se trata de temas muy serios. La protección ambiental no debería dejarse en manos de los científicos contemporáneos. Nosotros podemos hacer un mejor trabajo.

¿Cuál fue la causa de que esta abundancia de Luz fuera revelada en el decimoquinto día de *Tishrei*? Si comprendemos esto, podremos conectarnos con las influencias cósmicas lo más fuertemente posible. En Éxodo 13:21 se lee: "E iba Hashem al frente de ellos, de día en una columna de nube para guiarlos en el camino, y de noche en una columna de fuego para alumbrarlos, a fin de que pudiesen marchar de día y de noche". El *Zóhar* explica que la palabra para columna, *amud*, es la realización física de los canales de la *Shejiná* (la Divina Presencia), esto es, los tres

Patriarcas y David. En el versículo anterior, la Luz representa a Dios. Las palabras "al frente de ellos, de día" aluden a Avraham, y la palabra "día" representa la columna derecha; Isaac está representado por las palabras "en una columna de nube"; Jacobo por la palabra "guiarlos"; y David por las palabras "y de noche en una columna de fuego". Estas cuatro figuras crearon un poder protector para que los Israelitas pudieran continuar su marcha de manera segura. El *Zóhar* pregunta por qué los Israelitas debían caminar tanto de día como de noche, ¿de qué escapaban? ¿Acaso no había un Creador allí para protegerlos? La intención de la descripción bíblica es crear un sentimiento de armonía general para que tenga lugar la unificación de las energías de juicio y piedad, representadas por el día y la noche.

Rav Avraham Ibn Ezra hizo notar que la columna de nube se extiende desde el cielo hasta la tierra como una línea. Los Israelitas vieron cómo la energía metafísica se hacía realidad en el mundo en forma de este milagro físico. Según Ibn Ezra, el propósito aquí era demostrar que al activar las tres fuerzas representadas por Avraham, Isaac y Jacobo, lo metafísico puede realizarse en el mundo físico. De esta forma, la *Torá* nos dice que aquello que hacemos realidad en el mundo espiritual recibirá finalmente una expresión física.

En Éxodo 13, vimos que la columna de nube y la columna de fuego avanzaban delante de las personas, la nación entera podía verlas. Pero en el capítulo 14, versículo 10, leemos: "Cuando el Faraón se iba acercando, los hijos de Israel alzaron sus ojos, y he aquí que los egipcios marcharon en pos de ellos. Con lo que se amedrentaron mucho los hijos de Israel y clamaron a Hashem". ¿Cómo es posible que la nación que experimentó el Éxodo de Egipto y más tarde vio las columnas de nube y de fuego tuviera tanto miedo? ¿Ya habían olvidado los Israelitas el Éxodo de Egipto? ¿Cómo podían tener tanto miedo del Faraón si las columnas estaban delante de ellos? La razón es que el Deseo de Recibir Sólo para uno Mismo crea limitaciones.

Por consiguiente, la historia del Éxodo de Egipto nos dice que los Israelitas estaban preocupados con el Deseo de Recibir Sólo para sí Mismos. Sin la infusión de energía del Creador, el Éxodo de Egipto nunca hubiera sucedido. Por otra parte, *Rosh Hashaná* y *Yom Kipur* nos muestran que cuando convertimos aquel deseo en el Deseo de Recibir con el Propósito de Compartir, nuestra capacidad para recibir energía aumenta. Y cuanto mayor sea esa conversión, más energía podremos recibir de la reserva de *Biná*.

Entonces, si bien las columnas construyen los canales metafísicos, el Deseo de Recibir Sólo para sí Mismo restringe la conexión.

En Éxodo 14:11, está escrito: "Y dijeron a Moisés: "¿Acaso no había sepulturas en Egipto para que nos hayas traído a morir en el desierto? ¿Qué has hecho con nosotros sacándonos de Egipto?". Es increíble ver cómo una nación que ha experimentado tantos milagros se encuentra tan limitada por el Deseo de Recibir Sólo para sí Mismo.

Más adelante, en el versículo 19, se lee: "Se levantó entonces el Ángel de Dios, que marchaba al frente del ejército de Israel, y se puso detrás de ellos. Se levantó también la columna de nube de delante de ellos, y se colocó a la espalda". La baja conciencia de los Israelitas en el momento del Éxodo de Egipto, así como el poder ilusorio del Deseo de Recibir Sólo para sí Mismo, ocasionaron la aparente desaparición de la columna de nube. Esta ilusión les llevó a pensar que si volvieran a la esclavitud, sin obligaciones ni responsabilidades, estarían mejor que viviendo una vida de libre albedrío.

Rashi, el mayor intérprete de la *Torá*, también interpretó el concepto de la columna de nube, enseñando que el Creador albergó a los Israelitas en *Sucot* cuando los sacó de Egipto. No es ésta una referencia a las cabañas físicas, sino a las Nubes de Honor metafísicas que protegieron a los Israelitas del intenso Sol del desierto. Por tanto, Rashi hace una especie de conexión entre lo físico y lo metafísico. El Ramban, un Kabbalista muy reconocido, aceptó esta interpretación e incluso la extendió diciendo que las Nubes de Honor eran un símbolo de la protección divina, la Luz Divina, el poder de las tres energías fundamentales. Este poder crea una cobertura protectora para que la muerte, encarnada por los egipcios, no pueda penetrar. Éste es el poder de la cubierta colocada sobre las *Sucot*.

El *Sejaj* se creó utilizando una tecnología muy sofisticada con el propósito de establecer una conexión con la Luz. En Números 9:15 se lee: "El día en que se erigió el

Tabernáculo, la nube cubrió a éste". La nube protegía el Tabernáculo, y cuando ésta se disipó, el pueblo supo que debía continuar su viaje. Éste es el motivo por el cual la festividad de *Sucot* está conectada con la alegría. Ninguna otra festividad puede expresar tan fuertemente la conexión con el Creador, representada por la nube que acompaña a los Israelitas para protegerlos. Ésta es, pues, la conexión entre la *Sucá* y el Éxodo de Egipto. El propósito de esta festividad no es recordar el sufrimiento de los Israelitas ni sentir lástima de ellos, sino satisfacer nuestra necesidad de la *Sucá*, pues es el único modo de conectarnos con la nube que dio protección a los Israelitas.

Cuando el Rey Salomón edificó El Templo, escogió inaugurarlo en *Sucot*. En Reyes I, 8:65 está escrito: "Así en ese tiempo, Salomón, y con él todo Israel, una muchedumbre inmensa venida desde la entrada de Hamat hasta el Arroyo de Egipto, celebró una fiesta delante de Hashem, nuestro Dios, durante siete días, y otros siete días, esto es, catorce días". Los primeros siete fueron para la inauguración, y los siete días adicionales para *Sucot*. La inauguración de las festividades tuvo lugar desde el octavo hasta el decimocuarto día de *Tishrei*, e incluyó también *Yom Kipur*. Desde el decimoquinto día del mes hasta el veintiunavo se celebró *Sucot*.

Incluso después de haber completado la construcción del Templo, el Rey Salomón parecía estar envuelto en dudas acerca de lo que El Templo podría lograr. En el capítulo 8, versículo 27, está escrito: "Pero, ¿es verdad que Dios habitará sobre la tierra? He aquí que los cielos y los cielos de los cielos no pueden contenerte, ¡cuánto menos esta casa que yo acabo de edificar!".

Las mismas dudas podrían plantearse en torno a *Sucot*. ¿Es la estructura de nuestro jardín capaz de contener la gran cantidad de energía que se supone que debe atraer? De la misma forma que el Templo Sagrado y el Arca, la *Sucá* está también diseñada para atraer la Luz del Creador que existe en el universo.

¿Por qué Salomón escogió *Sucot* para inaugurar El Templo? Quizá quería aprovechar el hecho de que en *Sucot* la gente se dirige a Jerusalén de todas formas, y de ese modo tendría la oportunidad de que las personas vieran la maravillosa morada que había construido. Pero en su sabiduría infinita, el Rey Salomón sabía que lo más importante no es la realidad física. También vimos cómo el Rey Salomón cuestionó la capacidad del Templo para contener la Luz del Creador.

Pero entonces, ¿por qué construyó el Templo en primer lugar? Esta contradicción aparente nos enseña acerca de la realidad. Efectivamente, existen dos realidades: la auténtica, que es *Zeir Anpín*, y la ilusoria, que es *Maljut*. El Rey Salomón intentó aclarar esto. Ambas realidades son esenciales para establecer una conexión, pero constituyen canales separados.

Así, El Templo por sí solo no era la conexión, sino una entidad material necesaria. Para conectar el cielo y la tierra tal como estaban conectados en Génesis 1, necesitamos una "línea telefónica", y eso fue El Templo físico. El Rey Salomón nos advirtió que el aspecto físico no es el fin, sino sólo un medio para conectarse con la Luz. La parte principal del sistema es la conciencia energética que se inyecta en el conductor físico. Los medios físicos deben inyectarse con la meditación correcta, que se basa en el conocimiento del significado interno y verdadero de la *Sucá*. Sin este conocimiento, la conexión no puede llevarse a cabo; y por lo tanto, como dijo el Rey Salomón, la vasija "no lo contendrá".

En Deuteronomio se especifica claramente que debemos ayunar en *Yom Kipur*. ¿Por qué entonces el Rey Salomón, el hombre más sabio, celebró en ese día? Rashi dice que durante la inauguración la gente comió y bebió en *Yom Kipur*. ¿Hizo entonces el Rey Salomón que todo Israel pecara? ¿Comprometió la conexión de los Israelitas con *Biná*? ¿Debe considerárselo, por lo tanto, como "uno de los que hace que muchos otros pequen"? ¿Por qué ninguno de los comentadores de la *Torá* condenó al Rey Salomón por este acto?

Salomón estaba familiarizado tanto con el poder de *Tishrei* como con la capacidad del Templo para atraer la Luz en virtud del Arca que se encontraba dentro de él. El Arca podía atraer la energía en bruto del universo más que ningún otro instrumento físico. El Arca dirigía la vida hacia el Templo. Necesitamos un proceso de purificación de 15 días, que incluye *Rosh Hashaná* y *Yom Kipur*, antes de poder conectarnos con el poder de *Biná* en la festividad de *Sucot*. El Templo del Rey Salomón era una conexión inmediata con la energía de *Biná*.

Así, no era necesario esperar quince días, y el proceso de *Yom Kipur* tampoco era necesario. Era posible celebrar antes porque la conexión con *Biná* ya existía. Por lo tanto, las acciones del Rey Salomón no son contradictorias.

Ahora preguntémonos por qué el decimoquinto día de *Tishrei* fue escogido para ser el día en el que ocurre la conexión con *Biná*. ¿Por qué nos conectamos a las Nubes de Honor en este día? Según el Arí, en el decimoquinto día aparecen dos poderes del Creador: interno y periférico, e interno y externo, y ambos son aspectos de *Biná*. Después de los cuatro días entre *Yom Kipur* y *Sucot*, que son *Kéter*, *Jojmá*, *Biná* y *Zeir Anpín*, llegamos al día de *Maljut*. Sólo en el día de *Maljut* puede revelarse la Luz Interna, la Vasija que contiene la energía inmensa de *Biná*. Y sólo tras la construcción de la Vasija puede revelarse también la Luz periférica (el escudo protector de *Biná*).

Para comprender mejor las palabras del Arí sobre el significado del decimoquinto día de *Tishrei*, debemos analizar otro punto. Sabemos que el Rey Salomón sacó el Arca de la Ciudad de David, también conocida como Sión. Pero, ¿qué significa esto? El *Zóhar* cita de Salmos 50:2: "Desde Sión en plena belleza / aparece radiante Dios". El Creador inició el mundo en Sión, que es *Yesod*. Sión es el centro de energía del universo, es el lugar donde comenzó el mundo y desde donde éste se alimenta. ¿Pero cuál es la diferencia entre Sión y Jerusalén? Jerusalén constituye un canal para la energía del juicio o *Maljut*, mientras que Sión constituye un canal para la misericordia, el aspecto de compartir. El Rey Salomón unificó en un solo canal estos dos aspectos, la Luz conocida como Sión y la Vasija llamada Jerusalén, para el poder unificado del Creador. Ésta es la *Sucá* de Paz que se menciona en el *Zóhar*. La *Sucá*, por virtud de las ramas que la cubren, manifiesta el aspecto de *Yesod*. Junto con las paredes conectadas al suelo, que son *Maljut*, formamos en nuestro pequeño templo la unificación que realizó el Rey Salomón entre Jerusalén y Sión: la unificación del universo.

He aquí lo que ocurre en *Sucot*. La Luz interna que comenzó el onceavo día de *Tishrei* llega a su destino el decimoquinto día. En ese día comienza la Luz Circundante. El primer día es *Jésed* de la Luz Circundante. *Jésed* es la semilla, el primer día de la Creación. En Génesis 1 leemos: "Y hubo tarde y hubo mañana: día uno". Notemos que no dice primero, sino uno, unificación. Éste es el poder del primer día de *Sucot*, que está conectado con Avraham. Ésta es la semilla de la semana en que atraemos la Luz Circundante. En este día, la Luz Circundante y la Luz Interna (Sión y Jerusalén) están unificadas. Y por ello el Rey Salomón escogió este día para inaugurar El Templo; coincide con el plan del Génesis. El Rey Salomón sabía que Sión y Jerusalén se unificarían el día de la inauguración del Templo, por lo que las personas podrían alegrarse, aun en *Yom Kipur*.

Sucot es la festividad dedicada a la construcción de la Vasija espiritual. Esta Vasija, cuyo propósito es contener la Luz de la Sabiduría que atraeremos desde la reserva cósmica de energía, está hecha de la energía llamada "Luz de Jasadim". La característica principal de la energía de *Jésed* es la conductividad. En el mundo físico la energía de *Jésed* se expresa a través de la sustancia más abundante que hay en la tierra: el agua. La conductividad eléctrica del agua de mar es aun mayor que la de los cables de acero o cobre. El agua transmite toda la energía que la fuente de energía invierte en ella y no se reserva nada para sí misma. Por tanto, el agua no se daña cuando la corriente eléctrica fluye a través de ella. Para manejar un suministro infinito de energía sin dañarnos, debemos aprender a alimentarnos del atributo de *Jésed* dentro de nosotros y a permanecer en un estado de compartir, de preocupación constante por los demás y por el universo entero. La razón por la cual las personas experimentan un "cortocircuito" cuando una abundancia de energía fluye a través de ellas, radica en el Deseo de Recibir Sólo para sí Mismo, el cual crea un bloqueo y hace que esa energía se acumule en el cuerpo. En cambio, si nos libramos del Deseo de Recibir y lo cambiamos por la conductividad perfecta (también llamada Deseo de Compartir), podremos estar seguros de que no sufriremos daños en la revelación de Luz.

Así como la mayor parte de la superficie terrestre está cubierta de agua, según el principio de la semejanza estructural entre el cuerpo humano y el mundo descrito en el *Zóhar*, también la mayor parte del cuerpo humano se compone de agua. ¿Por qué es tan esencial el agua en la existencia de todas las formas de vida? La razón radica en la conciencia de pensamiento que el agua expresa en el mundo: la conciencia de *Jésed*. *Jésed*, compartir y conductividad, son los atributos esenciales para la revelación de la Luz del Creador en el mundo. Pero esta Luz no puede observarse directamente, pues se halla oculta. Por lo tanto, la única forma de saber que la Luz está presente es de manera indirecta, a través de alguna clase de canal que conduzca la Luz y revele el potencial que contiene en su interior. Para poder hacer uso del poder producido por una planta de energía eléctrica es necesario que establezcamos una red de consumidores y, una vez lo hayamos hecho, conectemos una amplia gama de aparatos a la red (como por ejemplo refrigeradores, hornos, aparatos de aire acondicionado, computadoras, motores, etc.) que detecten el potencial que contiene la electricidad. De la misma manera, el agua es el medio para la revelación del poder de la Luz del Creador en el mundo. La conciencia de pensamiento del agua es la conductividad y el compartir, igual que el poder de la Luz. Ésta es también la razón por la que la tierra requiere de la presencia del agua.

Cuando se creó el mundo, toda la superficie de la tierra estaba cubierta de agua. *Jésed* reinaba en todos lados y el poder de la Luz del Creador aún no se había adulterado. Más tarde, el agua se separó y la tierra quedó al descubierto. Esta situación también ocurrió en el interior del hombre. Al momento de su creación, el hombre conducía la totalidad de la Luz del Creador; después del Pecado, perdió en parte esa capacidad y conciencia. Esta pérdida fue la abertura a través de la cual el caos penetró en el mundo. De ahí que nuestra misión espiritual en el mundo, junto con los actos de compartir, como el diezmo y la caridad, haya sido pensada para completar la carencia causada por el Pecado Original de Adán y, en consecuencia, para cerrar las grietas de nuestro sistema de protección espiritual, asegurando la continuidad de la revelación de Luz en nuestras vidas. Éste es el poder o la bendición que deriva de compartir; ésta es la razón por la cual la caridad nos salva de la muerte. La amplificación de la Luz de Jasadim es, por tanto, la clave para la resurrección de los muertos y la eliminación de la muerte para siempre. *Sucot* es la oportunidad cósmica que nos permite, una vez al año, cargarnos con la Luz de Jasadim y, de esta manera, lograr una similitud de forma con el Creador y descubrir la fuerza del compartir infinito en el mundo.

Por todo lo dicho, particularmente durante *Sucot* vale la pena permanecer en una conciencia de dar y de ocuparse por los demás. De esta forma completaremos el *Jésed* que nos falta y lograremos un estado de mente sobre materia, la resurrección de los muertos y la eliminación de la muerte para siempre.

En Reyes III, 8:2, se plantea la siguiente pregunta: "Concurrieron, pues, junto al rey Salomón todos los varones de Israel en la fiesta del mes de *Eitanim*". ¿Qué es *Eitanim*? En Éxodo 14:27 leemos: "Extendió Moisés su mano sobre el mar, y al rayar el alba el mar volvió a su sitio". En arameo, un cambio de letras en la palabra לאיתנו (*leeitano*) que

significa "a su fuerza", produce la palabra לתנאיו
(*letenaav*) que significa "a sus condiciones", es decir "a sus
propiedades originales". El mes de *Eitanim* es, por
consiguiente, un mes durante el que tenemos la capacidad de
realizar la *Teshuvá*, la facultad de volver al origen, a la semilla,
y conectarnos con nuestra esencia primordial.

La palabra *Eitanim* denota el poder para volver al
"comienzo de los comienzos", al centro, a la semilla. Éste es
el poder con que el Rey Salomón proclamó que la
celebración era aceptable en *Yom Kipur*. Actualmente no
tenemos ni Templo ni Arca, pero tenemos la *Sucá* para atraer
protección ambiental. Nosotros no celebramos en *Yom Kipur*
—sólo el Rey Salomón podía hacerlo— pero en *Sucot*
tenemos la oportunidad de atraer la Luz inmensa que
trabajamos duramente para obtener en *Rosh Hashaná* y *Yom
Kipur*.

La sección Emor del *Zóhar* nos dice que debemos
sentarnos en la *Sucá* durante siete días. Esto es así porque las
siete nubes de misericordia están conectadas con las siete
Sefirot: *Jésed*, *Guevurá*, *Tiféret*, *Nétsaj*, *Hod*, *Yesod* y *Maljut*.
Estas nubes de Luz Circundante nos cubren cuando estamos
en la *Sucá*. Si hemos alcanzado un nivel de conciencia
elevado, estas siete nubes nos unirán con el Rey Salomón,
con el Templo y con el Arca. Cuando las siete nubes se
manifiestan el séptimo día —el día de *Maljut*—, el poder de
Jerusalén se revela. *Maljut* conecta con *Yesod*. Por ello es que
debemos permanecer en la *Sucá* durante siete días.

¿Qué energía interna es aquella que tanto ha llamado la atención sobre las Nubes de Honor? ¿Por qué los cinco libros de la *Torá* enfatizan el significado de las nubes? Recordemos lo escrito en Números 9, versículos 15-19:

> "El día en que se erigió el Tabernáculo, la nube cubrió el Tabernáculo sobre la tienda del Testimonio; y en la tarde había sobre el tabernáculo como una apariencia de fuego, hasta la mañana. Así sucedía siempre: (*de día*) la cubría la nube, y de noche la apariencia de fuego. Y cuando la nube se alzaba sobre el Tabernáculo, los hijos de Israel se ponían en marcha; y en el sitio donde se paraba la nube, allí acampaban los hijos de Israel. A la orden de Hashem los Israelitas se ponían en marcha, y a la orden de Hashem acampaban; y quedaban acampados todo el tiempo que permanecía la nube sobre el tabernáculo. Aun cuando la nube se detenía muchos días sobre el tabernáculo, los hijos de Israel observaban lo dispuesto por Hashem y no levantaban el campamento".

¿Es esta historia importante para nosotros hoy, cuando el Tabernáculo ya no existe? Aarón, que era la nube de *Jésed*, creó unidad entre las siete nubes. Por eso nos sentamos en la *Sucá* durante siete días. *Jésed* es la energía interna de la nube. La nube permanece en el Tabernáculo durante el día. El Arí interpreta la palabra yom (día) como *Jésed* y así traza una conexión entre la festividad de *Sucot* y las Nubes de Honor.

Pero esta conexión no puede realizarse solamente a través del Deseo de Recibir. Aun cuando transformemos el Deseo de Recibir Sólo para sí Mismo en Deseo de Recibir con el Propósito de Compartir, no será suficiente.

La conexión con la Luz del Creador sólo puede lograrse al conectar la energía de la columna derecha, el poder de *Jésed*, una fuerza pura que nunca fue un Deseo de Recibir. El Deseo de Compartir es infinito y precedió a la formación del Deseo de Recibir. Por lo tanto, para atraer la Luz debemos establecer firmemente los canales para la energía positiva. Y en efecto, también debemos transformar el Deseo de Recibir Sólo para sí Mismo en Deseo de Recibir con el Propósito de Compartir, que es precisamente lo que hacemos en *Rosh Hashaná* y en *Yom Kipur*. Pero para recibir la energía, debemos establecer contacto con los canales que llevan a la columna derecha, a la Luz pura.

¿Cómo podemos crear esta conexión con la Luz para nosotros mismos? La *Sucá*, con todas las instrucciones para su construcción, es la manera de hacerlo. De esta forma creamos un Tabernáculo físico, y aunque no podamos verla, la nube está allí. También podemos conectarnos con el Arca una vez al año. Por supuesto, no podremos mantener la conexión permanente con la Luz que existió en El Templo, pero durante siete días la *Sucá* nos conecta con *Biná* aun sin el Templo.

Los Sabios debatieron sobre este versículo del Levítico: "Hice que los hijos de Israel moraran en cabañas".

¿Es ésta una referencia a *Sucot* físicas o metafísicas? Rav Eliezer dice que las *Sucot* no eran físicas y que su propósito era sólo conectarnos con las Nubes de Honor. Rashi y Rav Akivá, por el contrario, dicen que las *Sucot* eran entidades físicas para protegernos del sol. No obstante, todos los Sabios atribuyen gran importancia a la festividad de *Sucot* y a la conexión con las Nubes de Honor. La *Sucá* es la realización física del Templo y del Arca dentro de él.

La sección Pikudei del *Zóhar* explica que las piedras angulares de Jerusalén y Sión nunca cayeron en manos de las naciones que conquistaron la ciudad. Las piedras no se quemaron, sino que el Creador las preservó sin perder ni un solo pedazo. Y cuando el Creador decida reconstruir Jerusalén, las viejas piedras volverán a sus lugares y el Mal de Ojo no volverá a gobernarlas. Entonces podremos ver el retorno de la nación hecho realidad.

El resultado obligado de todo esto será la inmortalidad, que es simplemente el resurgimiento de la eliminación de la muerte para siempre. Las fuerzas de la oscuridad serán derrotadas de una vez por todas. Éste es el poder de la *Sucá*. Por el simple hecho de sentarnos en la *Sucá*, nos conectamos con *Biná* y con las Nubes de Honor.

Según afirma el Arí en *Las Puertas de la Meditación*, el propósito del *Lulav* y las Cuatro Especies es inducir los siete estados de la Luz Interna de Jasadim. Esta Luz proviene de *Zeir Anpín*, y trata con el ADN interno e individual. En contraposición a la doctrina médica, que dice que el ADN no puede modificarse, el Arí nos enseña que el ADN cambia todos los años según la energía que llega hasta él. Las Cuatro Especies no influyen sobre el ADN del ambiente general, tal como lo hace la *Sucá*, sino sobre el ADN personal. Permiten que *Zeir Anpín* y todas sus bendiciones ejerzan su influencia sobre nuestro código genético. Por lo tanto, podemos cambiar las características con las que nacemos. Lo que debemos hacer es identificar los canales para atraer esta energía y utilizarlos.

Por otra parte, el Arí dice que debemos agitar las Cuatro Especies cada día, para de esta forma despertar la Luz de la Misericordia. De la misma forma que la *Sucá* es el medio para atraer la protección ambiental, las Cuatro Especies también pueden ayudarnos a atraer salud mental y física a nuestro ADN individual. Y del mismo modo que la *Sucá* atrae un aspecto diferente de la Luz de *Biná* cada día, las Cuatro especies pueden atraer cada día un aspecto diferente de la Luz de *Zeir Anpín*. La influencia de la Luz que proviene de *Zeir Anpín* yace en el reino del ADN espiritual. En esencia, estamos cambiando el guión de nuestra vida en el nivel personal.

Ciertamente, esto es algo que traspasa los límites de la medicina holística o la homeopatía, también esenciales, por supuesto. Pero existe un elemento adicional relacionado con el *Tikún* o la corrección. Hay situaciones en las que incluso la medicina natural y el deseo más fuerte de sobrevivir y sanar no son suficientes para vencer la enfermedad. Por lo tanto, según la decodificación que la Kabbalah hace de la

Torá, esta temporada de *Sucot* —y en particular las Cuatro Especies, que son plantas medicinales— nos ayudará a vencer las enfermedades que se encuentren en el ADN, incluyendo aquellas que se descubrirán de aquí a 20 años. Somos capaces de realizar el cambio genético ahora. Podemos modificar el defecto en el ADN individual y general, no sólo en el estado embrionario, sino también en la adultez.

Aquellos que conocen bien el pensamiento kabbalístico saben que *Yud Hei Vav Hei* es la mejor representación del poder del Creador en el nivel material. Hay cuatro letras en el Nombre, y las Cuatro Especies están asociadas con las letras del Nombre. Las Cuatro Especies se seleccionaron para que en este momento particular del año constituyan los canales más fuertes de energía y expresen de esta forma el poder del Creador en su nivel físico más potente.

¿Por qué estas cuatro especies en particular y no otras? Según el Arí, el mirto representa a *Jésed*, la columna derecha. La longitud entera de una rama del mirto tiene tres hojas que se originan en un mismo punto. El mirto está conectado con la letra *Yud* del *Yud Hei Vav Hei*, que es *Jojmá*, la energía de compartir.

Por lo tanto, el mirto es la energía de compartir. El *Zóhar* nos dice que debemos tomar tres ramas de mirto y atarlas formando una sola unidad. Esta unidad representa a *Jésed*, *Guevurá* y *Tiféret*, el triángulo superior del Magen David, nuestro escudo de protección en el nivel personal. Las tres hojas que nacen de un solo punto en el mirto expresan la energía interna completa y unificada del hadas (mirto), la unidad de las tres energías de *Jésed*, *Guevurá* y *Tiféret*.

Por este motivo se escogió el mirto, no por mera tradición. El Arí utilizaba el *hadas* durante todo el año, en la víspera de Shabat y en la mañana de Shabat, por su fragancia placentera. Pero según el *Zóhar*, el mirto no puede usarse durante el año con el mismo propósito con el que usa en *Sucot*. Fuera de esta festividad, oler el mirto tiene una cierta capacidad restringida para atraer Luz, pero su poder real de atracción sólo puede ocurrir en *Sucot*.

Hoy en día, la medicina moderna trata exclusivamente con los síntomas. Sin embargo, los médicos coinciden en que casi todas las enfermedades tienen una causa psicosomática. Los medicamentos modernos no poseen el pensamiento capaz de curar. La Kabbalah no usa medicamentos ni curaciones naturales. En su lugar, se concentra directamente en la causa, en el nivel del ADN. Nosotros preferimos curar la enfermedad antes de que aparezca. Tal como dice la *Torá*: "Por lo tanto, escoge la vida". Los científicos aseguran que el curso de nuestra vida está determinado por el momento en que nacemos. La diferencia entre la vida y la muerte, entre la bendición y la maldición, depende de si elegimos o no conectarnos con la Luz. Podemos eliminar la enfermedad en su raíz o, Dios no lo quiera, podemos perder la conexión con la Luz y dejar que el caos se manifieste en el mundo.

Simjat Beit HASHOEVÁ

El marco de *Sucot* incluye *Simjat Beit Hashoevá*, la ceremonia de recolección y libación de agua. En cumplimiento de *Simjat Beit Hashoevá*, las personas vierten agua de una vasija a otra con un espíritu alegre, de disfrute.

¿Cuál es el significado de esta fiesta? La Kabbalah nos enseña que si bien la tradición no posee un significado independiente, sí que mantiene oculta una significación codificada, y ésta es precisamente la que nuestro estudio revelará. Acerca de *Simjat Beit Hashoevá*, el *Talmud* dice: "Aquel que no ha visto el júbilo de *Beit Hashoevá* no ha visto el júbilo en su vida". Seguramente todos hemos vivido experiencias alegres en mayor o menor grado, pero pocos hemos tenido la buena fortuna de experimentar la alegría duradera. ¡*Simjat Beit Hashoevá* nos proporciona la alegría de un año entero en un solo día! Y es una alegría completa, aun mayor que la experimentada en *Simjat Torá*.

Para comprender esto, debemos buscar el significado cifrado en las escrituras sagradas. En la *Torá* está escrito *vanizkarta* ("y recordarás"), y en el *Zóhar* se lee *vanizkerem* ("y los recordaremos"), indicando que nuestros ancestros derramaron agua sobre el altar. ¿Pero qué quiso decir el *Talmud* con *Simjat Beit Hashoevá*? ¿Acaso sólo había regocijo en la *shoevá*? ¿Y qué significa *shoevá* (libación)? ¿No significa nada más que verter agua para tener un año más feliz? Si ésta es efectivamente la interpretación completa, ¿cuál es la conexión entre el agua y la alegría? ¿Qué es la alegría, en general, y qué nos garantiza que la sentiremos?

En la sección *Pinjás* del *Zóhar* encontramos otras piezas del rompecabezas en relación con el fin del Diluvio. Estos textos cuentan que durante el mes de *Tishrei* las aguas diluvianas disminuyeron gradualmente y que finalmente en *Sucot* el Arca descansó en la montaña de Ararat. Durante los días del Templo, la festividad incluía el sacrificio de 70 bueyes por los 70 guías que estaban a cargo de todas las naciones. Se sacrificaban 13 bueyes el primer día, 12 el segundo día, 11 el tercer día, y así sucesivamente hasta llegar al séptimo y último día. ¿Por qué se hacía esto? ¿Cuál es la conexión entre esta tradición, el Diluvio y el rompecabezas de *Simjat Beit Hashoevá*?

Según el *Zóhar*, el sacrificio de los 70 bueyes proporcionaba paz y prosperidad al mundo entero. ¿Cuál es la conexión entre los sacrificios y la paz mundial? Mientras el Templo existió, antes de que los Israelitas se descarriaran, el mundo vivía en paz, algo que ahora nos elude. Un estudio publicado en la revista *Time* demostró que durante los últimos 100 años ha habido un promedio de 36 guerras por año. Así como hay en el mundo 36 hombres justos, parece ser que debe haber también 36 guerras. Y en la actualidad, por cierto, las guerras no han cesado. ¿Cómo pudo haber reinado la paz en el mundo entero durante la época del Templo?

El *Zóhar* responde a todas y cada una de estas preguntas. En primer lugar, explica que la historia bíblica del Diluvio es una alegoría codificada que describe la realidad espiritual que, año tras año, se repite en todo el universo. Ni el Arca fue un simple barco, ni el Diluvio una mera lluvia copiosa. *Tishrei*, el séptimo mes del año, es un tiempo en el cual la *Shejiná* viene y se posa sobre Israel, cuando la Luz de *Biná* se revela en el mundo. Ésta es la auténtica causa del complejo sistema de las festividades de *Tishrei*. Primero purificamos nuestra vasija espiritual; luego sorteamos los obstáculos; así llegamos a la reserva de energía de *Biná*; finalmente, nos conectamos con esta Luz y la absorbemos en nuestras vidas a través de la *Sucá* y las Cuatro Especies.

La *Sucá* nos conecta con *Biná*, el *Lulav* con *Zeir Anpín* y el *Etrog* con *Maljut*. Durante el Diluvio, las aguas correntosas expresaban el caos y la negatividad que las acciones humanas habían propagado por todo el universo. En el mes de *Tishrei*, la Luz de *Biná* elimina gradualmente la oscuridad. Durante el Diluvio, esto se manifestó con la

retirada de las aguas, lo cual representa la eliminación del
caos.

Cada año, según explica el *Zóhar*, la revelación de la
Luz durante el mes de *Tishrei* reduce los pecados de Israel, al
mismo tiempo que también se reduce la cantidad de ángeles
de destrucción en el mundo. Puesto que los sacrificios no
sólo alimentan a la humanidad sino que también eliminan el
juicio y la negatividad, ahora queda claro por qué los
sacrificios antiguos iban disminuyendo gradualmente
durante *Sucot*.

Pero debemos aclarar algo más con respecto a este
asunto. Aquellos que creen que alimentar a las naciones del
mundo puede resolver nuestros problemas están engañados y
engañando. El *Zóhar* nos dice que únicamente los Israelitas
—el pueblo que comprende y trabaja con las leyes
espirituales del universo tal como las dicta la Kabbalah—
puede suministrar el sostén espiritual necesario para su
existencia a todas las naciones. Lamentablemente, en los
últimos 3.400 años los Israelitas han vuelto la espalda a la
Luz y han rechazado la responsabilidad cósmica que se les ha
impuesto. Su pensamiento fue: "Debo cuidarme a mí mismo,
¿por qué debería cuidar de los demás?".

La Kabbalah enseña que es esencial compartir con
otros, siempre. ¿Qué significa compartir? Para conectarnos
con la Luz, debemos actuar como la Luz. Y la Luz sólo sabe
hacer una cosa: compartir. Por lo tanto, todo aquel que desee
conectarse con la Luz debe no sólo Recibir, sino Recibir con

el Propósito de Compartir. En los días del Templo, durante *Sucot*, el pueblo Israelita suministraba la Luz y la plenitud a las 70 naciones. En relación a esto, el *Zóhar* plantea algunas preguntas muy interesantes: ¿Es posible que las naciones no quieran esto? ¿Qué sucede si no tienen las vasijas apropiadas para contener la Luz que les proveemos?

Estas preguntas son especialmente importantes en vista de que la mayoría de la gente ni siquiera sabe que puede recibir la plenitud, su alimento espiritual, sólo de los Israelitas. El *Zóhar* afirma que no hay alegría para los 70 ángeles responsables de las 70 naciones y sobre ello revela dos cosas. La primera, que no se nos ordena que nos acerquemos a un individuo que no es Israelita y le digamos: "Escucha, quiero proporcionarte sustento espiritual". En el mejor de los casos te lo agradecerá cortésmente, pero, ¿llegará a comprender el significado de tu declaración? La segunda cosa revelada por el *Zóhar* es que deberíamos "hablar directamente con los ángeles supervisores". Cada nación tiene designado un ángel que es su guía espiritual. Cuando estos ángeles están satisfechos en *Sucot*, no existe alegría mayor en el mundo. Al hacer que esto suceda durante los siete días de *Sucot*, resolvemos el problema del caos en el mundo entero.

Las naciones del mundo están empezando a darse cuenta del poder del *Zóhar*. ¡Si todos empezáramos a comprender el poder del *Zóhar*!... Cuando el Templo existía, no había miedos en el mundo, nadie temía que una nación extranjera iniciara una guerra. La alegría completa sólo puede experimentarse en condiciones de paz absoluta. La alegría verdadera requiere de la liberación del caos, unas condiciones en las que todas las personas puedan vivir tranquilamente, sin preocuparse por la violencia o la desgracia inesperada. Por eso, todos aquellos que hoy están conectados con la Luz y llevan a cabo la acción de propagarla en *Sucot*, están asegurando que la Luz del Creador traiga la paz y la alegría al mundo entero.

Como la Luz de *Biná* otorga descanso a los juicios, decimos que "el Arca descansó" (*vatanaj*, de la palabra *menujá*: "descansar"). Precisamente en ese momento, cuando el mundo está libre de caos, tiene lugar *Simjat Beit Hashoevá*. Y entonces, por primera vez, aprendemos el significado de la verdadera felicidad. La alegría completa y perdurable significa liberación total del caos, tal como está escrito: "Él engullirá la muerte para siempre". Esto es, precisamente, lo que se revela al universo durante *Simjat Beit Hashoevá*, y nosotros nos conectamos con su energía recogiendo agua de la fuente y derramándola. Tal como explica el *Zóhar*, la fuente es la *Torá*, nuestra conexión con el Árbol de la Vida, y el agua es la Vasija que conduce la Luz de Jasadim en el mundo.

Esta conciencia revela el poder de la Luz del Creador en *Maljut*. Por lo tanto, mientras compartamos la semejanza de forma con la Luz, conduciremos la Luz del Creador inherente a la *Torá* y la revelaremos en el mundo a través de *Jésed*. De este modo nos vemos libres de todo tipo de caos y se nos otorga la felicidad verdadera e infinita. La ignorancia de los matices de la *Torá* es una receta segura para provocar el caos. El conocimiento, por otro lado, propaga la Luz y elimina el caos. Este secreto sólo puede aprenderse del *Zóhar*, que es el único medio para eliminar el caos del universo. Una hora de estudio del *Zóhar* equivale a todo un año de estudio de otros textos espirituales.

Durante dos milenios las personas han estado estudiando la *Mishná* y la *Guemará*, pero prácticamente no han llegado a tocar la Kabbalah. Como consecuencia, hemos sufrido dos mil años de exilio y destrucción. Ya es tiempo de cambiar el caballo perdedor por el ganador. Según el *Talmud*, ninguna de las otras celebraciones regulares con las que estamos familiarizados —incluyendo *Simjat Torá*, (festividad en la cual danzamos con la *Torá*) — modifica la realidad ni resuelve los problemas, sino que sólo producen alivio temporal.

Cuando los eruditos del *Talmud* dijeron *shoevá*, se estaban refiriendo a la acción de atraer a los 70 ángeles designados, al momento en que les invitamos a acercarse a nosotros para poder recibir de ellos el abastecimiento espiritual. Por eso la festividad se llama *Simjat Beit Hashoevá*, la Celebración de la Recolección de Agua.

Así como *Sucot* está conectada con el agua, también está conectada con *Jésed*, el poder de la misericordia y la bondad. ¿Cuál es el motivo de tal conexión? Para descubrir la Luz de *Jojmá* en el mundo es necesario cubrirla con un instrumento llamado la Luz de Jasadim. Durante *Sucot*, nos proveemos de una cantidad desbordante de Luz de Jasadim. Por esa razón vertemos tanta agua como podemos. Mientras vertemos el agua extraída de la fuente de un jarro a un cuenco, atraemos la Luz y la conciencia de *Jésed* a nuestras vidas y la propagamos a todos los rincones del universo.

El cuenco es un símbolo de todos y cada uno de nosotros. El agua que se vierte en el cuenco conduce la abundancia hacia nosotros y hacia todo el mundo. Verter el agua con la conciencia correcta, resultante de todas las otras comunicaciones de *Sucot*, permite que las naciones del mundo se nutran de Luz, elimina el caos y proporciona alegría verdadera a toda la humanidad. Quienes realicen estas acciones tendrán la buena fortuna de estar protegidos de la negatividad.

Sin embargo, para lograr todo esto debemos asumir la responsabilidad de propagar Luz. La responsabilidad mutua significa pensar en los otros —Israelitas o no— y compartir el poder de la Luz con ellos. A diferencia de un agujero negro, que atrae todo lo que se encuentra a su alrededor, durante *Simjat Beit Hashoevá* atraemos para dar satisfacción a todos los ángeles que gobiernan. El *Zóhar* dice que en nuestra época encontraremos gente en Europa, en Israel y en otros lugares que no querrán estar conectados con la Luz y que no estarán interesados en compartir con otros. *Simjat Beit Hashoevá* nos enseña que no es suficiente compartir la Luz con nuestros seres queridos; debemos compartirla con todas las personas.

He aquí nuestra responsabilidad personal y el motivo
por el cual nuestro Centro de Kabbalah se comprometió con
la misión de compartir y distribuir el *Zóhar* en todo el
mundo. Como parte de este esfuerzo, se distribuyeron en
Irán cientos de copias del *Zóhar*. Esta acción beneficia al
pueblo iraní porque puede ayudarlo a poner freno a la
agresión y prevenir una guerra mundial de un modo mucho
más eficaz que mediante una operación militar. Durante
décadas, los iraníes han ocasionado problemas a todo el
mundo, y continúan haciéndolo hasta hoy. Si no reciben la
plenitud espiritual que se merecen, sufrirán, y el mundo
sufrirá con ellos. No obstante, si canalizamos sabiamente la
Fuerza de Luz del Creador, revelándola en el mundo de
forma equilibrada y con preocupación por las verdaderas
necesidades de los otros, entonces podremos cambiar la
profecía de la furia por un casete más positivo.

El *Zóhar* nos dice que Moisés habló con Rav Shimón y
le dijo específicamente que en los días del Mesías —y no cabe
duda de que nos encontramos en ese momento ahora— sólo
el *Zóhar* podría salvar al mundo y sacarlo de la conciencia del
Árbol del Conocimiento del Bien y del Mal para llevarlo a la
conciencia del Árbol de la Vida. En los últimos dos mil años,
el juego político ilusorio no ha ayudado a nadie en este
sentido. Los políticos dicen un día una cosa y al día siguiente
otra; hoy tiene el poder éste y mañana lo tiene aquel. Pero lo
más importante es esto: mientras no haya paz en Israel, no
podrá haber paz en ninguna otra parte del mundo. Para
propagar la Luz y atraer la paz universal, todo el Pueblo de
Israel debe reunirse en Israel a través de la conciencia que

enseña el *Zóhar*. De esta forma, la Luz se canalizará a todo el mundo. Los Israelitas no son necesarios en el extranjero. El Pueblo de Israel debe morar en la Tierra de Israel, desde donde la abundancia espiritual puede enviarse a todo el mundo. En Israel, todos atraen energía del centro que se encuentra allí. La razón por la cual hay emigración de Israel es porque sin una vasija espiritual apropiada, es imposible soportar el poder y la energía que allí prevalece. Aquellos que emigran encuentran su propia excusa, por supuesto, pero la raíz del problema es otra: el poder inmenso que yace en la Tierra de Israel. Aquellos que no saben cómo tratar con la Luz deciden irse, y aquellos que escogen quedarse lo hacen porque la Luz no les molesta.

La cantidad de excusas para apartarse de la Luz excede la cantidad de habitantes que tiene el mundo. La *Guemará* estipula que de cada mil que entran, sólo uno se va con la Luz. Decenas de miles de estudiantes nuevos se acercan al Centro de Kabbalah cada año, cientos de miembros del personal y de voluntarios comparten la Luz todos los días, y esta actividad continúa creciendo. Nuestra posición es aceptar sin reservas a todas las personas del mundo. El tiempo para que todos hablen del *Zóhar* ha llegado. Con la ayuda de Dios, tanto el aprendizaje del *Zóhar* como la Luz que se revela en el universo durante *Simjat Beit Hashoevá* nos brindarán la oportunidad de resolver y eliminar de raíz todas las manifestaciones del caos. *Bilá Hamávet Lanétsaj* (la inmortalidad) es posible, y podemos albergar la esperanza de ver una alegría verdadera y perdurable para todo el mundo.

Hoshaná RABÁ

oshaná Rabá es una conexión que está relacionada con la vida y la muerte. En esta noche, combinamos ver nuestra sombra, que representa una visualización de nuestra vida y toda la energía que incluye, con la lectura del libro del Deuteronomio de la *Torá*.

Tenemos la fortuna de vivir en una época en que la tecnología avanzada se ha vuelto la norma. Estamos acostumbrados a pensar más allá de los límites de nuestros cinco sentidos, y uno de los objetivos del trabajo del Centro de Kabbalah es ayudar a desarrollar esta capacidad y a ponerla en uso. Al ver nuestra sombra a la luz de la Luna, visualizamos nuestra corrección. Se trata de unos rayos X metafísicos de ti mismo. De este modo ves, a vista de pájaro, la parte del Deseo de Recibir Sólo para sí Mismo que puede inhibir tu plenitud en el año venidero.

Cuando leemos el libro del Deuteronomio en la *Torá*,
nos conectamos con una energía muy específica que abrió
por primera vez Rav Isaac Luria y que sólo se ha revelado en
el mundo moderno en los últimos 20 ó 30 años; antes había
permanecido oculta.

El propósito de esta lectura es conectarnos con la
tecnología de la antimateria e inyectarla en nuestra
conciencia.

Es posible que al hacer esta lectura no comprendas ni
una palabra, pero créeme que tu esencia lo entenderá todo.
Recibirás Luz. Tu verdadero ser, tu 99 por ciento, lo captará
todo.

Sólo necesitas absorber las palabras, y entonces la
realidad de la antimateria entrará en tu conciencia. No tienes
que comprenderlo intelectualmente. Tampoco tienes que
estudiarlo en Harvard.

Esto es lo único que debes saber: todo aquello que
experimentamos como dolor, sufrimiento, bloqueo e incluso
tragedia es tiempo, espacio y movimiento. La antimateria
borra los límites del tiempo, el espacio y el movimiento. Los
límites dejan de existir. Este es el lugar en el que te
encuentras ahora, y esto es lo que va a suceder. Este es el
motivo por el que estudias toda la noche. Y al no dormir, vas
contra las necesidades comunes del cuerpo y te conectas con
la energía extraordinaria de la antimateria.

Por tanto, debemos prestar mucha atención a cada una de las palabras de la lectura. Si puedes, léela en voz alta o escucha a alguien que pueda leerla en hebreo. Independientemente cómo hagas esta lectura, te conectarás con una energía que está completamente libre de caos.

Simjat
TORÁ

*E*l *Zóhar* pregunta por qué esta festividad tiene dos nombres: *Shminí Atséret* (el Octavo Día de la Asamblea) y *Simjat Torá* (festividad en la cual danzamos con la *Torá*). ¿Por qué se llama "zeman simjatenu", el tiempo de nuestro regocijo, a pesar de que recibimos la *Torá* en *Shavuot*? El *Zóhar* explica que el nombre Simjat *Torá* es una alegoría sobre un rey que complace a sus invitados con un banquete sólo para decir al final de la comida: "¡Y ahora que comience la celebración!".

Durante *Sucot*, trabajamos para impartir la Luz a todo el mundo. ¿Pero por qué debemos preocuparnos por todo el mundo y no quedar satisfechos con ocuparnos meramente de nuestras familias? Una vez más, los Sabios explican esto con una alegoría. Se trata de la historia de un hombre que tiene un perro y quiere enseñarle a no comer. El hombre comienza por darle cada día menos alimento que el día anterior, hasta que finalmente deja de alimentarlo. Obviamente, el perro muere. Nuestros Sabios nos enseñan que las naciones del mundo deben alimentarse, y que sólo los Israelitas pueden proveer ese alimento. No se refieren sólo al Pueblo de Israel, sino a todo aquel que comprende e implementa la sabiduría de la Kabbalah, que incluye todas las leyes espirituales del universo. Sólo el Pueblo de Israel puede dar al mundo la plenitud espiritual, y por lo tanto, la existencia del mundo entero depende de este pueblo. Si el Pueblo de Israel no se ocupa del mundo, el mundo no tendrá otra opción que odiarlo, atacarlo e intentar que lo alimenten para no morir de hambre espiritual. Por eso los romanos, los españoles y los alemanes, que son todos descendientes de Esaú, hicieron lo que la naturaleza les indicó. No tuvieron opción, pues el Pueblo de Israel no había llevado a cabo su tarea.

La alegría sólo puede revelarse cuando todo el mundo está cuidado. Recuerda el principio que ilumina una bombilla de luz: los polos positivo y negativo existen, pero sin la resistencia del filamento interno, la Luz no puede revelarse. La luz existe en estado potencial en todo momento, pero no se revela sin la resistencia de la columna central. De ahí que el *Zóhar* afirme que Jacobo, junto con los otros invitados, es parte integrante de *Simjat Torá*, porque Jacobo es la columna central. Por lo tanto, Jacobo y la restricción ya existen en *Simjat Torá*. Después de trabajar en esto durante toda la festividad, podremos disfrutar de la Luz.

Ahora bien, como la revelación de la Luz es total, la felicidad que produce es indiscriminada. En este sentido, esta festividad es como una boda. En primer lugar, todos los que asisten a una boda, aun aquellos que no han preparado el evento, pueden participar de la celebración. La Luz se revela de la misma forma que en *Shavuot*, cuando se entregaron los Diez Enunciados. Sin embargo, gracias a la presencia de la columna central, en *Simjat Torá* la Luz de la *Torá* se revela en su totalidad aun para las personas que no fueron estrictas al completar todas las comunicaciones en *Rosh Hashaná*, *Yom Kipur* y *Sucot*. Así, igual que en una boda, *Simjat Torá* es un momento para unir a *Zeir Anpín* y *Maljut*. Porque si bien sólo la novia, el novio y sus familias se han tomado la molestia de preparar el evento, todos los invitados pueden disfrutar de la fiesta. También la situación es comparable a la persona que enciende la luz de una habitación: todos los que entran allí pueden disfrutar de esa luz gratuitamente, Por lo tanto, todas las personas pueden recibir, siempre que sean conscientes de que forman una unidad con todos los presentes. Todo el que recibe también está dispuesto a compartir, como los invitados de una fiesta que llevan un regalo a los novios y les hacen felices.

En la *Torá* no encontramos una explicación del nombre atséret, y no hay una razón explícita para la celebración de esta festividad. Sólo el *Zóhar* explica que atséret deriva de la palabra *atsirá* (detener). Esto se refiere a la resistencia, la columna central y Jacobo. Asimismo, el significado de la palabra atséret es "reunión", pues en esta festividad toda la Luz se reúne. Por lo tanto, primero realizamos el trabajo espiritual en *Sucot*. Y luego, en el octavo día, la festividad de *Atséret* reúne y revela toda la Luz. En el día de *Simjat Torá*, recibimos la Luz Circundante para todo el año. Sólo si dejamos ir todo lo que tenemos ahora, podremos recibir una porción completa de un año de vida. Si nos aferramos a lo que tenemos, impediremos que la Luz entre en nuestras vidas y estaremos destinados a perderlo todo.

La Kabbalah enseña que en *Simjat Torá* podemos curar el cáncer y otras enfermedades graves. ¿Cómo es esto posible? Sabemos que toda enfermedad existe sólo mientras el cuerpo está vivo. Las enfermedades prosperan en los procesos de la vida que tienen lugar en el cuerpo; por lo tanto, en el momento que una persona muere, toda la enfermedad de su cuerpo cesa. Este principio es aplicable a todas las dificultades a las que nos enfrentamos en la vida. Si pudiéramos evitar los procesos en el mundo físico y elevarnos por encima de la ilusión del tiempo-espacio continuo, entraríamos en un estado post-mortem y eliminaríamos inmediatamente toda manifestación del caos en nuestras vidas. En esta festividad, nos elevamos por encima de la ilusión del tiempo, pues *Simjat Torá* es Luz Circundante — una unión del pasado, el presente y el futuro— y por lo tanto constituye una oportunidad sin igual para eliminar de nuestras vidas todo tipo de caos.

Nuestro principal problema en la realización de este potencial maravilloso radica en el escepticismo crónico del ser humano, que nos dice que nada simple puede ser real. Si

le dices a un escéptico que mañana a las diez el banco abrirá
para que todo el mundo se lleve todo el dinero que quiera, él
no irá porque no creerá que tal cosa es posible.

En *Simjat Torá* recibimos nuestra Luz Circundante
para todo el año. Pero entonces —el cielo no lo quiera—
Satán viene y nos susurra al oído: "Si realmente lo has
recibido todo en *Simjat Torá*, ¿dónde está? Muéstramelo".
De esta forma nos hace dudar, y cuando dudamos la Luz
desaparece. Por lo tanto, debemos ser como ese hombre a
quien le han dicho que colocaron dinero en una caja fuerte
para él, y que lo recibirá en 365 días. Este hombre no estará
preocupado, no pensará que no tiene el dinero, porque sabe
que el dinero estará allí para él. Lo mismo puede decirse para
la Luz Circundante, que todo lo abarca: ayer, hoy y mañana,
más allá del espacio y el movimiento, sin separación. Todo
está allí para nosotros. Sólo tenemos que tener certeza en su
existencia.

Debemos arrancar de nosotros las falsas ilusiones,
cancelar todas las suposiciones que nos limiten, anular todos
los prejuicios y las dudas, y dejar que la Luz entre. Esto es
importante todos los días, pero especialmente en *Simjat Torá*.

Rosh Jódesh
MAR JESHVÁN
(EL SIGNO DE ESCORPIO Y EL DILUVIO DE NOÉ)

Avraham el Patriarca nos dice que el mes de *Jeshván* está relacionado con el signo de Escorpio. Por lo que sabemos de los escorpiones, esto sugiere que hay mucho de qué temer. El escorpión es el único animal que se mata a sí mismo cuando tiene miedo. Así pues, examinemos cómo la Kabbalah puede ayudarnos a hacer nuestra vida un poco más fácil y, en particular, a librarnos del miedo que tanto prevalece.

Para comprender el poder de este mes y conectarnos con él, debemos regresar al libro sobre astrología más antiguo del mundo, escrito por Avraham el Patriarca: el *Libro de la Formación*.

Avraham y Rav Shimón Bar Yojái nos muestran en el *Zóhar* que sin la astrología es muy difícil deshacerse del caos en nuestras vidas. En el *Libro de la Formación*, Avraham declara que el mes de *Mar Jeshván*, así como todas las estrellas de la constelación a la que llamamos Escorpio se crearon a partir de esta semilla. *Mar* en hebreo significa "amargo". Cuando bendecimos el mes en Shabat, lo llamamos *Mar Jeshván* y no *Jeshván*. ¿De dónde proviene esta amargura?

Durante este mes, leemos en la *Torá* sobre el Diluvio Universal. Algunos dicen que el nombre *Mar Jeshván* es un recordatorio de la amargura de la época de Noé. Pero, ¿por qué eligió Avraham recordarnos el Diluvio de entre todos los otros desastres que ocurrieron en el pasado? ¿Por qué decidió añadir un poco de "historia" al nombre de este mes?

El Diluvio inundó el mundo con agua y lo destruyó. Pero el agua tiene la energía interna de *Jésed*. El agua conduce la Luz, la fuerza de la vida. Por eso el cuerpo humano está compuesto mayormente de agua. Entonces, ¿por qué el Creador escogió precisamente el agua como medio para la destrucción del mundo?

En aquel tiempo, el mundo estaba lleno de "latrocinio", término escogido por la *Torá* hace miles de años para describir el caos y la corrupción. Para eliminar la corrupción y la oscuridad, el Creador eligió inundar el mundo con agua, que es el mejor de todos los medios para conducir el poder de la Luz.

EL AGUA

¿Por qué Avraham consideró apropiado dar a este mes un nombre formado por las cuatro letras ן ו שׁ ח (*Jet*, *Shin Vav*, *Nun*)? Sabemos que cada letra del alfabeto hebreo tiene un poder único. El poder de *Jeshván* sigue siendo un misterio para todos aquellos que no estudian la Kabbalah.

Para que aquellos que estudiamos la Kabbalah podamos descifrar este misterio, debemos resolver primero otro enigma (uno bastante sorprendente): ¿Por qué el feto está rodeado de agua? Los científicos sólo pueden decirnos que es parte del proceso de crecimiento del feto. Pero, ¿por qué es así?

Sabemos que los embriones son resistentes e inmunes a todo tipo de enfermedades, especialmente el cáncer. La ciencia nos muestra que el feto tiene muchas más células cancerígenas que cualquier otro adulto que sufre de esta enfermedad y, sin embargo, el feto rechaza todas y cada una de esas partículas de cáncer en el momento en que se forman.

¿Cuál es el secreto del poder del feto? La respuesta se encuentra en la revelación de otro enigma: la costumbre antigua de la *Mikve* —la inmersión en aguas rejuvenecedoras —, que los kabbalistas han conocido durante milenios.

El conocimiento del poder de la *Mikve* ha permanecido oculto durante siglos, y el concepto de la inmersión en una *Mikve* de agua es una tradición que hoy casi ha desaparecido.

La inmersión en la *Mikve* elimina las energías negativas a una cierta distancia. La limpieza espiritual que se obtiene a través de la inmersión aumenta el rendimiento del sistema inmunológico, así como el del funcionamiento global del cuerpo. Incluso es posible revertir el proceso de envejecimiento y lograr la recuperación de enfermedades consideradas incurables. Ésta es la causa de que el feto crezca en líquido amniótico, el cual, repito, es esencialmente agua.

El Secreto del Nombre del Mes

En los tiempos del Diluvio Universal, el mundo entero estaba afligido por el caos, hasta tal punto que el Creador tuvo que inundar el mundo con Su Luz. Para hacerlo, Él utilizó el medio que mejor conduce la Luz: la energía de *Jésed*, que se expresa en el agua. Hoy en día, como en el pasado, el mes de *Jeshván* conduce el poder de la Luz de tal forma que puede disipar toda la negatividad del mundo. Sin embargo, tal como lo hizo en el tiempo del Diluvio, lo lleva a cabo con el atributo del juicio.

El mes de *Jeshván* sigue a la gran energía de *Rosh Hashaná*, *Yom Kipur* y *Sucot*. Estas ocasiones no están pautadas por mera tradición; son herramientas para utilizar durante el mes de *Jeshván*.

Ahora podemos revelar el secreto del nombre del mes. El valor numérico de חשון es 364. Ésta es una pista que

nos da Avraham sobre la esencia interna de *Jeshván*. Una vez
por año, el caos cuelga un cartel sobre su puerta que dice
"Salí a almorzar". El caos puede reinar solamente 364 días al
año, no 365. Por lo tanto, el mes de *Jeshván* tiene el poder de
eliminar y limpiar el caos del mundo.

La inversión de las letras מ ר (*mar*) del nombre
מ ר ח ש ו ן (*Mar Jeshván*) da por resultado la palabra ר מ (*ram*),
que significa "elevado". ¿Qué es lo más elevado en este mes?
La fuerza de la vida, la Luz del Creador. El mes de *Jeshván*
fue creado para manifestar la Luz que revelamos durante el
mes de Tishrei. En la Luna Nueva del mes de *Jeshván* se
siembra la semilla para el escudo protector, como el líquido
del vientre de una mujer, con el fin de sumergirnos en la
protección del universo y rodearnos con la bondad del
Creador. El signo de Escorpio nos ofrece la oportunidad de
obtener esta fuerza protectora. El objetivo de la
comunicación que tiene lugar en *Rosh Jódesh* es darnos el
control sobre la forma en que la Luz se manifiesta en
nuestras vidas, para que podamos purificarnos como lo hace
la *Mikve* o el líquido amniótico, y no (Dios no lo quiera)
mediante un diluvio.

EL VERDADERO PODER DE COMPARTIR

¿Por qué Avraham asignó la constelación de Escorpio
al mes de *Jeshván*?

Para conectar con la esencia interna del tema, debemos comenzar por analizar su nombre hebreo. La palabra עַקְרָב (*Akrav*, escorpión o Escorpio) contiene la combinación עָב, *Ayin-Bet* (=72), cifra que hace referencia a los 72 Nombres de Dios, los cuales nos ayudan a realizar milagros.

Esta combinación positiva rodea las letras קָר *Kof-Resh* (o *kar*, que significa frío, sin vida). Esta técnica de rodear una entidad negativa con esencias positivas está conectada con el toque del *Shofar* que se realiza durante el mes de *Tishrei*. Cuando Avraham escogió la palabra *Akrav* o escorpión, escogió la palabra *kar*, que está envuelta por *Ayin* y *Bet*, como para alejar la frialdad de la muerte de nuestras vidas.

Una persona muerta se enfría porque los procesos de vida que calientan el cuerpo dejan de funcionar tras la muerte. Sin embargo, el frío también tiene el poder de preservar, como lo hace un congelador. Avraham quería mostrarnos que cuando nos reunimos en *Rosh Jódesh Jeshván* tenemos la gran oportunidad de influir sobre los restantes 364 días del año.

¿Puede ser tan simple? ¡Sí! Y éste era el propósito de Avraham: proveernos un medio simple y efectivo de controlar nuestras vidas y nuestros destinos. La típica frase "es demasiado bueno para ser verdad" es un arma que el Oponente emplea para disuadirnos de utilizar estas herramientas. Este es el mes más elevado y sublime del año.

Para eliminar el caos, el Creador creyó apropiado utilizar agua, el medio esencial de compartir. El Diluvio no ocurrió para destruir el mundo, sino para sanarlo del caos y la corrupción. Sin embargo, si somos desconsiderados hacia los demás y no compartimos, el mundo no tendrá ninguna posibilidad.

Sólo si compartimos —esto es, *Jésed*, o agua— podremos ayudar al mundo a salir de la crisis y la enfermedad. La ciencia médica simplemente sustituye una enfermedad por otra. Únicamente con la conciencia de compartir con otros, y no sólo con nuestros seres queridos, es como podemos ayudar de forma eficaz. El concepto según el cual debemos ser "buenas personas" nunca ha ayudado a nadie a desterrar el caos y la negatividad. Pero la idea de que quien comparte recibe más que el receptor no solamente funciona, sino que no tiene alternativa posible. Es la única forma de sentir que estamos protegidos por una burbuja de agua, como si estuviéramos en el vientre materno. Es el único modo de conectarnos con ese poder que sólo el agua puede darnos: el poder divino que hay en nuestro interior y que elimina el caos.

Escorpio es uno de los tres signos de agua. En este mes establecemos un sistema inmune que se basa en compartir. No queremos crear este sistema inmune mediante un suceso violento y aterrador como el Diluvio, sino a través de una conciencia de agua que nos rodee y que elimine de forma eficaz y completa el caos de todos los aspectos de nuestro ser.

Aniversario de la muerte de
RAQUEL
LA MATRIARCA

*E*l día 11 de *Jeshván* celebramos el aniversario del nacimiento de Raquel y su hijo menor, Benjamín. Y decimos "celebramos" porque, para nosotros, una celebración es una conexión con la energía. Sabemos que en el momento de nacer, el primer aliento del bebé expresa el nivel supremo espiritual de *Kéter*, la raíz de todo lo que le sucederá en el futuro. Por tanto, celebramos el nacimiento para conectarnos con esa energía de la semilla. Esta conexión no sólo la disfruta el celebrante, sino también todos los que le rodean.

Los justos abandonan este mundo cuando completan su *Tikún*. Raquel era justa, y abandonó este mundo el día de su cumpleaños. Como ella murió al dar a luz a su hijo el onceavo día de *Jeshván*, esta fecha no solamente conmemora el cumpleaños de Raquel, sino también el nacimiento de Benjamín.

Raquel y la Energía del Juicio

Las palabras sobre el cumplimiento del *Tikún* de Raquel no se mencionaron sobre ninguna otra persona justa, ni siquiera sobre Avraham, a pesar de que está claro que él completó el *Tikún* para el que había venido a este mundo. Entonces, ¿cuál es el mensaje especial que la *Torá* nos quiere transmitir a través de la historia única de Raquel?

Cuando leemos la historia bíblica en forma literal, nos resulta fácil llenarnos de tristeza por la tragedia de Jacobo y Raquel. Su amor era inmenso, pero debieron esperar años hasta casarse finalmente. Después esperaron años hasta poder tener hijos, y camino a *Beit Lejem* Raquel murió durante el nacimiento de su hijo. Pero Raquel, Jacobo y Benjamín no estaban tristes, porque sabían que la muerte no era más que una ilusión, y la vida física no es más que una cadena de oportunidades para progresar en el proceso del *Tikún*, como si fueran los actos de una obra de teatro.

Puesto que todos los que estudiamos la Kabbalah conocemos este secreto, no nos entristecemos cuando leemos la historia sobre la muerte de Raquel. Cuando una persona común muere, todo lo que queda es la inscripción grabada en su lápida. Pero los patriarcas y matriarcas no eran seres humanos comunes; ellos eran canales. Vinieron al mundo a ser canales para la Luz del Creador, que se revela a través del Árbol de la Vida. El propósito de la conexión con el Árbol de la Vida, que es una conexión certera con la Luz y la verdad absoluta, es evitarnos los altibajos que caracterizan el reino de la Ilusión.

Todos y cada uno de los momentos de la vida de los patriarcas y las matriarcas tenía un propósito eterno. Raquel murió porque en ese momento había juicio en el mundo. A través de su hijo y su esposo, quienes sirvieron como enlaces o conectores entre el juicio y la misericordia, Raquel abrió para nosotros un canal de energía positiva que reduce el juicio y nos conecta con el Árbol de la Vida.

El Hilo Rojo

Rav Brandwein, mi maestro, vivió una experiencia similar al fallecimiento de Raquel. La primera esposa de Brandwein murió dando a luz a mellizos, una hija y un hijo, y años más tarde esta misma hija también murió durante un parto. Sin duda nos encontramos frente a un caso de juicio. Con respecto a estos sucesos, el *Zóhar* pregunta: "¿Cuál es entonces el propósito de la historia de la muerte de Raquel?". Y responde: a partir de esta historia podemos convertir la revelación de juicio en nuestras vidas en energía de la columna derecha, es decir, en energía de *Jésed*, que es el poder de la vida y la bendición.

Raquel no está enterrada con Jacobo y los otros patriarcas, sino en el camino entre Jerusalén y Beit Lejem. El *Zóhar* explica que Raquel está enterrada sola porque cuando uno está solo puede sentir a otras personas. Si estás todo el tiempo acompañado, ¿cómo puedes conectarte con otro individuo? Sin embargo, aquellos que están enterrados al lado del camino, en un lugar expuesto, permiten a los demás hacer contacto y buscar ayuda.

Raquel y Jacobo sabían que ella estaba destinada a servir como canal para el cuidado de los demás (*deagá*) para todas las generaciones, hasta la Resurrección de los Muertos. Está escrito que Raquel está "...llorando por sus hijos..." (Jeremías 31:14), puesto que ella es nuestro canal del cuidado y preocupación por los demás. Raquel está relacionada con el triángulo inferior del Escudo de David, y por lo tanto tenemos acceso directo a ella. Todos somos hijos de Raquel, y cuando ella llora, lo hace por todos nosotros.

Por otro lado, la hermana de Raquel, Lea, está enterrada en la Cueva de Majpelá, en Hebrón. Ella está relacionada con el triángulo superior del Escudo de David, y por lo tanto no tiene enlace directo con el reino de *Maljut* ni con los problemas a los que nos enfrentamos en el mundo físico. Puesto que Jacobo fue elevado al nivel de Israel, él se separó de *Maljut*; por eso fue enterrado en Hebrón, al lado de Lea, y no junto a Raquel, su amada esposa.

Resulta ahora fácil comprender por qué enrollamos el Hilo Rojo —que nos protege de la energía negativa— alrededor de la tumba de Raquel y no en otro lugar. Sólo Raquel, con su amor y preocupación verdadera e infinita por los demás, tiene el poder de transmitirnos la protección total contra el Mal de Ojo y la influencia de las energías negativas.

YOSEF Y BENJAMÍN

Benjamín nació en el mes de *Mar Jeshván* porque es un mes de Juicio o *Din*. Todos aquellos que nacen en este mes darán testimonio de que no vienen con un *Tikún* fácil. Pero *Mar* (amargo) no significa maligno. Los medicamentos generalmente tienen un sabor amargo, y sin embargo son parte esencial del proceso de recuperación de la enfermedad. Ya hemos dicho que *Rosh Jódesh Mar Jeshván* es el día más poderoso del año, pero el aniversario de la muerte de Raquel no es menos poderoso. Además, en este día tenemos la capacidad de reducir el juicio de *Mar Jeshván* y convertirlo en *Ram* (elevado) *Jeshván*, el momento más positivo del año.

¿Cómo es posible? Lo es porque en el aniversario de la muerte de las personas justas nos conectamos con toda la energía positiva que han revelado durante sus vidas. Por lo tanto, en el día trigésimo tercero del Ómer (Lag BaÓmer), el aniversario de la muerte de Rav Shimón, él reduce el juicio que existe en el período del Ómer. El Arí, Rav Isaac Luria, nos asiste en el aniversario de su muerte en el quinto día del mes de *Av*, durante las tres semanas negativas del año. Y Raquel realizó el mismo servicio muchos años antes de que ambos lo hicieran.

Raquel tenía dos hijos, Yosef y Benjamín, y ambos obtuvieron el título eterno de "justos". Se trata de un caso muy distinto al de Noé, que era un hombre justo sólo en su generación, así como del resto de los hijos de Jacobo, que no merecieron el título de justos en ningún momento.

Aquellos que no son expertos en la Kabbalah pueden pensar que los niños son un asunto de suerte. A veces nace un hijo bueno y otras veces nace un hijo no tan bueno. Ocasionalmente, un niño bueno nace de padres no tan buenos, o viceversa, un niño no tan bueno nace de padres buenos. Téraj no era un hombre justo, y sin embargo trajo a este mundo a Avraham, quien fue un canal de la Sefirá *Jésed*. El Rey David fue el canal para la Sefirá *Maljut* y trajo al mundo a Absalón, un hijo rebelde que intentó matar a su propio padre.

El *Zóhar* nos revela que existen formas de controlar esta suerte, de elevarnos por encima de la influencia de las estrellas y determinar la calidad de nuestros hijos. Y esto es precisamente lo que podemos lograr a través de la conexión con Raquel.

Raquel, en virtud del trabajo espiritual que realizó durante su vida, tuvo el privilegio de elevarse por encima de su posición natural y conectarse con *Biná*. Y puesto que así fue, era indudable que sería la madre de hijos justos como Yosef y Benjamín. Utilizando el *Zóhar* y la sabiduría de la Kabbalah, ahora tenemos el privilegio de conectarnos con la energía que Raquel trajo al mundo y usarla para mejorar nuestras vidas.

La "Suerte" y el Destino

El *Zóhar* describió la era en la que vivimos como muy positiva y al mismo tiempo muy negativa. En la época actual, una gran cantidad de Luz inundará el universo. Aquellos que no estén preparados ni hayan desarrollado una vasija espiritual apropiada, recibirán un golpe de exceso de Luz conocido con el nombre de "Juicio". Al mismo tiempo, quienes hasta cierto punto hayan expandido y desarrollado su vasija espiritual utilizando la conciencia contenida en el *Zóhar*, obtendrán la Redención completa y misericordiosa. Para estos últimos, los días del Mesías serán el tiempo más maravilloso.

Al establecer una conexión equilibrada entre *Maljut* y *Biná*, la conexión con Raquel nos permite controlar la "suerte". Cuando Raquel concibió por segunda vez, tanto ella como Jacobo sabían que tendrían un hijo, que Raquel moriría en el parto y que los doce hijos completarían el sistema para controlar los doce signos del zodíaco. Sin embargo, cada uno de los primeros once hijos controlaba un solo signo zodiacal, mientras que el último hijo, Benjamín, controlaba no sólo el duodécimo signo, sino también todo el zodíaco. Esto era así porque, excepto Benjamín, todos los hijos de Jacobo nacieron fuera de Israel. Laván intentó detener a Jacobo para que Benjamín naciera también fuera de Israel, pero Jacobo sabía que sólo si Benjamín nacía en Israel los Israelitas podrían controlar su destino. Por lo tanto, Jacobo se liberó del control de Laván y huyó a Israel.

Todas las vidas de los patriarcas, en cada detalle y en cada momento, estuvieron dedicadas a impartirnos las herramientas para que podamos obtener el control sobre nuestro destino.

Aniversario de la muerte de
RAV
AVRAHAM AZULAI

Año tras año, cuando llegamos al aniversario de la decisión de Rav Avraham Azulai de abandonar este mundo, pienso en lo diferente que era mi vida antes de conocer la Kabbalah. Por ejemplo, nunca había escuchado el nombre de Avraham Azulai. Y aun hoy, fuera de las sedes mundiales del Centro de Kabbalah, la mayoría de las personas no sabe quién fue Rav Avraham Azulai.

Sólo cuando conocí a mi maestro, Rav Brandwein, y supe acerca del propósito del Centro de Kabbalah, comprendí lo que Rav Brandwein, y antes de él Rav Ashlag, habían trabajado para lograr. Aprendí también la estrecha relación entre el Centro y Rav Azulai.

Rav Brandwein me enseñó que Avraham Azulai, hace cientos de años, había previsto el tiempo en que la Kabbalah no sólo dejaría de estar oculta, sino que dejaría de tener que estar oculta.

Todo el tiempo que los Israelitas permanecieron en el exilio en la historia, se nos ordenó ocultar la sabiduría. Ahora, cuando nos tenemos que preparar para el advenimiento del Mesías, la sabiduría de la Kabbalah necesita revelarse. Avraham Azulai fue muy explícito acerca de esto. La prohibición del estudio la Kabbalah estuvo vigente, de hecho, hasta el año 5.250, a partir del cual todo el mundo podría estudiar el *Zóhar* y las otras enseñanzas.

Es muy importante que todas las personas estudien la Kabbalah, tanto las jóvenes como las mayores. "Estudiar" no significa comprender intelectualmente las enseñanzas, sino conectarse con la Luz y la revelación de Luz. El aniversario de la partida de este mundo de Avraham Azulai es nuestra oportunidad para lograrlo y ayudar a poner fin a todas las formas de negatividad.

Respecto del *Zóhar*, aun cuando no sepamos una sola palabra de hebreo podemos estudiarlo simplemente pasando la mirada por las palabras o escuchando a alguien leerlo en voz alta. Sólo con ver o escuchar las palabras, despertamos la verdadera dimensión de la Luz de Dios. En la actualidad, gracias a los esfuerzos de Michael Berg, hemos completado la traducción del *Zóhar* al inglés y los comentarios sobre el *Zóhar* realizados por Rav Áshlag.

Toda persona debería estudiar el *Zóhar* día y noche. ¿Por qué en todo momento? Porque en cada momento de estudio, la Luz se revela al universo entero. Esto sucede simplemente porque una persona disfruta de este estudio.

Rav Azulai hizo una declaración muy poderosa al respecto: para terminar con el caos en el mundo, cualquier cambio que realicemos en nuestra vida, por muy positivo que sea, palidece en comparación con la lectura del *Zóhar*. Podemos decir que leer el *Zóhar* despierta dentro de nosotros la idea de compartir. El *Zóhar* nos permite ser mejores seres humanos y nos ayuda a compartir. Nada es más poderoso o importante que la Luz que se revela por el solo hecho de leer el *Zóhar*.

Esto es lo que Avraham Azulai nos enseñó. Tenemos que estar muy agradecidos por los actos de los justos, y le debemos un agradecimiento a Rav Azulai por haber dado acceso a las herramientas de la Kabbalah a todo el mundo. Conectándonos con su presencia, leyendo sus escrituras y estudiando la Kabbalah —en el verdadero sentido de la palabra "estudiar" — lograremos eliminar por completo el sufrimiento, el caos y la muerte.

Rosh Jódesh

KISLEV

(JÚPITER Y SAGITARIO)

ada mes, la Luna Nueva contiene el potencial para el mes que vendrá. Y en este día tenemos la capacidad de dirigir, nutrir y dar forma a todos los acontecimientos futuros. Las letras del mes de *Kislev* son ס (*Sámej*) y ג (*Guímel*). La conciencia de pensamiento representada por la letra *Sámej* creó el signo de Sagitario, y la conciencia representada por la letra *Guímel* creó a Júpiter, el planeta más grande del sistema solar. El valor numérico de *Sámej* y *Guímel* es 63, que también es el valor numérico de una pronunciación especial de *Yud Hei Vav Hei*, el nombre que nos conecta a la *Sefirá* de *Biná*.

Nuestra tarea en este mes es difundir el conocimiento que nos otorgó Avraham el Patriarca en el *Libro de la Formación* hace 4.000 años. A través de las letras de este mes podemos ejercer control sobre el planeta Júpiter y su signo astrológico para lograr la manifestación de sus aspectos positivos.

Kislev es un mes de milagros. El Milagro de *Janucá* es el resultado de las fuerzas cósmicas que se transmiten cada año a través de Sagitario y Júpiter. Por medio del conocimiento que recibimos de Avraham, somos capaces de atraer estas fuerzas y materializarlas en el mundo. Haciendo uso de este poder, por lo tanto, podemos convertir la realidad caótica en bendición y armonía. Ésta es la esencia de la creación de los milagros.

A través de la meditación con las letras del mes es posible la revelación de la Luz del Creador en nuestras vidas como individuos, así como la eliminación del caos y de cualquier manifestación de la conciencia de Satán en el mundo entero.

Milagros e inmortalidad

Hace aproximadamente 400 años, Rav Avraham Azulai canceló el edicto que restringía el estudio de la Kabbalah. Las escrituras de Rav Azulai también nos permitieron comprender que es posible que logremos en nuestra era *Bila Hamávet Lanétsaj*, la "muerte de la muerte" para siempre. De hecho, al comenzar a contemplar esta posibilidad, han comenzado a aparecer informaciones que confirman el pronóstico de Rav Azulai, tanto en las publicaciones científicas como en los medios de comunicación masivos.

En particular, los descubrimientos a los que me refiero están relacionados primordialmente con la investigación del cáncer. Parece que el tejido cancerígeno utiliza el poder inmenso de *Bila Hamávet Lanétsaj* para expandirse y multiplicarse de forma descontrolada. Dentro de las células cancerígenas se ha encontrado un gen de "inmortalidad" que, según se ha descubierto, es el responsable de la capacidad de renovación de las células.

Estos descubrimientos tienen implicaciones de gran alcance. A través de ellos reconocemos la capacidad fisiológica del cuerpo para reconstruir cualquier órgano o tejido a partir del código genético que se encuentra en el núcleo celular, incluyendo cualquier extremidad que se haya amputado quirúrgicamente o como consecuencia de un accidente. El cuerpo también tiene la capacidad oculta de renovarse a sí mismo a cualquier edad, de vencer el proceso de envejecimiento y crear la vida eterna con una salud perfecta.

Para lograr estas cosas debemos purificarnos durante todo el año, especialmente en el mes de *Kislev*, en el que existe la posibilidad de producir milagros. Durante todo el mes es muy importante mantener la conciencia de la sensibilidad, la paciencia y la preocupación por los demás. Todos aquellos que cumplan con estas condiciones permanecerán puros y sólo de esta forma podrán acercarse al Creador, revelar Luz en el mundo y realizar milagros. Es importante recordar que todos somos hijos de la familia universal, y que cada uno de nosotros tiene la capacidad de contribuir de forma única al beneficio de esta familia.

$\mathcal{N}$uestras tareas verdaderas

Debemos librarnos de toda disensión y odio y, en su lugar, concentrarnos en las tareas que son verdaderamente importantes: traer la paz, la vida eterna y la resurrección de los muertos al mundo. Sólo ahora, gracias a la ventana cósmica que se ha abierto ante nosotros en esta Era, podemos lograrlo.

La impaciencia y la intolerancia son nuestros mayores enemigos. En vez de intentar imponer fervientemente nuestras opiniones al mundo, sería mejor que nos uniéramos con las personas que piensan diferente y junto con ellas traer la bendición y el beneficio para toda la humanidad. Para eliminar la fragmentación de la experiencia humana, se necesita eliminar el odio contra todos aquellos que tienen una opinión diferente de la nuestra. Este odio fue el causante del Holocausto y de la destrucción del Templo, así como de los 2.000 años de exilio.

El odio no puede provenir de la Luz. Tal como enseña la Kabbalah, dentro de la Luz existe una unidad de discrepancia: "Y hubo tarde y hubo mañana, día uno" (*Bereshit* 1:5). Sólo en el segundo día se crearon *Jésed* y *Guevurá*. La separación sólo existe fuera de la Luz, no dentro de ella. *Jésed* no contradice a *Guevurá* y *Guevurá* no contradice a *Jésed*; ambos aspectos expresan dos caras de la Luz, y la integración armoniosa de ambos trae vida al mundo.

Con el Sacrificio de Isaac aprendimos que aun cuando Avraham creyó que el Creador quería que sacrificara a Isaac, el ángel de Dios se acercó y le dijo que ése no era el significado, sino un código para enseñarnos que debemos restringir el Deseo de Recibir Sólo para sí Mismo. Esto es lo que nos enseña el Sacrificio de Isaac.

Gracias a las personas verdaderamente justas, como el Kabbalista Rav Avraham Azulai, lograremos atraer unidad y paz al mundo entero. Esta revelación de Luz permitirá un desarrollo científico y médico de tal dimensión que la inmortalidad se volverá algo de propiedad común y dejará de ser un concepto bíblico exótico. Pero somos nosotros los que tenemos la responsabilidad de lograrlo. Sólo la Kabbalah puede purificar al hombre del odio sin razón, esa enfermedad maligna que ha estado extendiéndose por el mundo como una plaga durante miles de años. Haciendo uso de la Kabbalah podemos destruir la conciencia negativa, erradicar la semilla de la muerte que está en nuestro interior y lograr la resurrección de los muertos.

MÁS LIBROS DEL RAV BERG

Días de Poder - Segunda Parte

Según la Kabbalah, las festividades, las lunas nuevas y los aniversarios de muerte de las almas iluminadas son momentos cósmicos para beneficiarnos de las energías de transformación. Cada mes presenta una oportunidad de conectarnos con bendiciones únicas. En Días de poder, el erudito Kabbalista Rav Berg describe las ceremonias espirituales asociadas con las festividades y explica su significado con profundidad, precisión y pasión, ofreciéndonos una conciencia que podemos utilizar para infundir positividad en nuestras vidas. El Rav da vida a las festividades, que pasan de ser conmemoraciones de acontecimientos históricos a oportunidades dinámicas para el cambio y el crecimiento. Desde esta perspectiva, observar las festividades no es una obligación religiosa, sino una elección que podemos hacer con el propósito de transformarnos a nosotros mismos y al mundo que nos rodea. En la segunda parte, el Rav Berg ofrece una comprensión profunda y explica la preparación para los últimos ocho meses del año, desde Janucá (Capricornio) a Tu BeAv, el Día del Amor (Leo).

Nano: Tecnología de la mente sobre la materia

Kabbalah es todo acerca de obtener el control sobre el mundo físico, incluyendo nuestra vida personal, en el nivel más fundamental de la realidad. Se trata de alcanzar y extender el poder de mente sobre materia y desarrollar la habilidad de crear plenitud, alegría, y felicidad al controlar todo al nivel más básico de existencia. De esta manera, Kabbalah es anterior y presagia la tendencia más apasionante en los desarrollos científicos y tecnológicos más recientes, la aplicación de la nanotecnología a todas las áreas de la vida para crear resultados mejores, más fuertes, y más eficientes. En Nano, el Rav desmitifica la conexión que hay entre la antigua sabiduría de la Kabbalah y el pensamiento científico actual, y muestra como la unión de ambos pondrá fin al caos en un futuro previsible.

Inmortalidad

Este libro cambiará la forma en que percibes el mundo, si abordas su contenido con una mente y un corazón abiertos. La mayoría de las personas, entienden la vida al revés y temen y luchan contra lo que perciben como inevitable: el envejecimiento y la muerte. Pero según el gran Kabbalista Rav Berg y la antigua sabiduría de la Kabbalah, lo que es inevitable es la vida eterna. Con un cambio radical en nuestra conciencia cósmica, y la transformación de la conciencia colectiva que vendrá a continuación, podremos provocar la desaparición de la fuerza de la muerte de una vez por todas, en esta "vida".

La Educación de un Kabbalista

Esta memoria profundamente emotiva ilumina la relación del Rav Berg con su maestro, el gran Kabbalista Rav Yehudá Brandwein, así como el desarrollo del Centro de Kabbalah, la organización más grande dedicada a difundir la sabiduría de la Kabbalah. Este es, sencillamente, el libro más honesto, certero y emocionalmente conmovedor jamás escrito acerca de un hombre que en verdad vive los principios de la Kabbalah en el mundo contemporáneo. Ningún aspecto de la Kabbalah es más importante que la relación entre maestro y estudiante. En La Educación de un Kabbalista, este elemento esencial cobra vida de manera inolvidable.

Las ruedas del alma

En Las Ruedas del alma, el Kabbalista Rav Berg nos explica por qué debemos aceptar y explorar las vidas que ya hemos vivido para poder comprender nuestra vida actual. No te equivoques: ya has estado aquí antes. Así como la ciencia está comenzando a reconocer que el tiempo y el espacio podrían no ser más que ilusiones, el Rav Berg nos muestra por qué la muerte en sí misma es la ilusión más grande de todas.

MÁS PRODUCTOS QUE PUEDEN AYUDARTE A INCORPORAR LA SABIDURÍA DE LA KABBALAH EN TU VIDA

Dios usa lápiz labial
Por Karen Berg

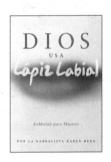

Durante miles de años, se prohibió a las mujeres estudiar la Kabbalah, la antigua fuente de sabiduría que explica quiénes somos, y cuál es nuestro propósito en el universo. Karen Berg lo cambió todo. Ella abrió las puertas del Centro de Kabbalah a todo aquel que quisiera aprender.

En Dios usa lápiz labial, Karen Berg comparte la sabiduría de la Kabbalah, específicamente, cómo te afecta a ti y a tus relaciones. También revela el lugar especial que ocupa la mujer en el universo, y por qué las mujeres tienen una ventaja espiritual sobre los hombres. Karen nos cuenta cómo encontrar a nuestra alma gemela, y nuestro propósito en la vida, así como ayudarnos a convertirnos en mejores seres humanos.

Kabbalah: El Poder de Cambiarlo Todo
Por Yehuda Berg

El Poder de Cambiarlo Todo es un provocativo llamado a la acción sobre nuestra actual crisis global que te deja pensando. Yehudá propone que nuestra abdicación colectiva de responsabilidad —en cada faceta de nuestras vidas, incluyendo economía, medio ambiente, política y religión— ha contribuido a los problemas y desafíos a los que nos enfrentamos.

Para crear una transformación positiva para nosotros y el mundo, este libro urge a los lectores a cambiar sus conciencias accediendo al poder interno de cada uno.

Meditación de un kabbalista: El Nombre de Dios de 42 letras
Por Yehuda Berg

Según la antigua sabiduría de la Kabbalah, la poderosa meditación conocida como Aná Bejóaj invoca el Nombre de Dios de 42 letras, el cual te conecta con nada menos que la fuerza pura de la creación. Al realizar la conexión a través de esta Meditación, puedes dejar atrás el pasado y empezar de nuevo. Si recitas la Meditación de forma regular, serás capaz de utilizar la fuerza de la creación para crear milagros, tanto en tu vida privada como en el mundo. Este libro explica el significado detrás de las 42 letras y te brinda los pasos prácticos para establecer una conexión óptima con su poder.

El Poder de la Kabbalah
Por Yehuda Berg

Imagina tu vida llena de felicidad, propósito y alegría infinitos. Imagina tus días infundidos de puro conocimiento y energía. Este es *El poder de la Kabbalah*. Es el camino que te transporta del placer efímero, con el que la mayoría de nosotros nos conformamos, a la plenitud duradera que te mereces. Tus deseos más profundos están esperando ser cumplidos. Descubre cómo hacerlo en esta introducción básica a la antigua sabiduría de la Kabbalah.

Inteligencia angelical
Por Yehuda Berg

Descubre cómo billones de ángeles existen y dan forma a este mundo, y cómo, a través de tus pensamientos y acciones, tienes el poder de crearlos, ya sean positivos o negativos. Aprenderás sus nombres y características, así como sus roles únicos y cómo llamarlos para distintos propósitos y utilizarlos como poderosas herramientas de transformación. Al hacerte consciente de la dinámica y el funcionamiento de los ángeles en el universo y aprender cómo conectarte con estas fuerzas invisibles de energía, adquirirás un increíble conocimiento y la habilidad de enfrentarte a los desafíos más grandes de la vida.

The Living Kabbalah System En Español: Nivel 1
Por Yehuda Berg

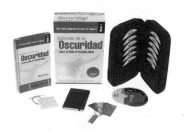

Lleva tu vida al próximo nivel con este sistema de 23 días que transformará tu vida, y te llevará a alcanzar la satisfacción duradera.

Creado por Yehudá Berg, y basado en su creencia de que la Kabbalah debe vivirse, no solo estudiarse, este sistema revolucionario e interactivo, incorpora las más avanzadas estrategias de aprendizaje y utiliza sus tres estilos:

- Auditivo (sesiones de audio grabadas).
- Visual (cuaderno de ejercicios con conceptos y gráficos).
- Táctil (ejercicios escritos, autoevaluaciones y herramientas físicas).

Su estuche resistente, hace que resulte un sistema fácil y práctico de usar en el auto, en el gimnasio o en el avión. Aprende de los líderes de la Kabbalah actuales, en una atmósfera íntima e individual de aprendizaje. Obtendrás herramientas prácticas y aplicables, así como ejercicios para integrar la sabiduría de la Kabbalah en tu vida diaria. En sólo 23 días, puedes aprender a vivir con mayor intensidad, tener más éxito en las relaciones y los negocios, así como alcanzar tus sueños. ¿Por qué esperar? Lleva tu vida al siguiente nivel empezando hoy mismo.

El secreto: Revelando la fuente de la alegría y la plenitud
Por Michael Berg

El secreto revela la esencia de la vida en su forma más concisa y poderosa. Muchos años antes del reciente fenómeno de "El Secreto", Michael Berg compartió las asombrosas verdades de la sabiduría espiritual más antigua del mundo en este libro. En este, Michael ha unido las piezas de un antiguo rompecabezas para mostrarnos que, nuestro entendimiento común del propósito de la vida, está equivocado, y que al corregir este malentendido, podemos cambiar todo lo que no sea alegría y plenitud total.

Los Secretos del Zóhar: Relatos y meditaciones para despertar el corazón
Por Michael Berg

Los Secretos del Zóhar son los secretos de la Biblia, trasmitidos como tradición oral y luego recopilados como un texto sagrado que permaneció oculto durante miles de años. Estos secretos nunca han sido revelados como en estas páginas, en las cuales se descifran los códigos ocultos tras las mejores historias de los antiguos sabios, y se ofrece una meditación especial para cada uno de ellos. En este libro, se presentan porciones enteras del Zóhar con su traducción al arameo y al inglés en columnas contiguas. Esto te permite escanear y leer el texto en alto para poder extraer toda la energía del Zóhar, y alcanzar la transformación espiritual. ¡Abre este libro y tu corazón a la Luz del Zóhar!

EL ZÓHAR

 Compuesto hace más de 2.000 años, el *Zóhar* es una colección de 23 libros basados en el comentario de asuntos bíblicos y espirituales en forma de diálogos entre maestros espirituales. Sin embargo, describir el *Zóhar* solamente en términos físicos es engañoso. En realidad, el *Zóhar* nada menos que una herramienta poderosa para lograr el propósito más importante de nuestras vidas. El Creador lo entregó a la humanidad para brindarnos protección, para conectarnos con su Luz y para lograr nuestro derecho innato, que es la verdadera transformación espiritual.

Hace 80 años, cuando se fundó el Centro de Kabbalah, el *Zóhar* había desaparecido virtualmente del mundo. Pocas personas de la población general habían escuchado hablar sobre él. Todo aquel que quisiese leerlo (en cualquier país, idioma y a cualquier precio) se enfrentaba a una ardua e inútil búsqueda.

Hoy en día, todo esto ha cambiado. Gracias al trabajo del Centro de Kabbalah y al esfuerzo editorial de Michael Berg, el *Zóhar* se está transmitiendo al mundo no sólo en su idioma original, el arameo, sino también en inglés. El nuevo *Zóhar* en inglés proporciona todo lo necesario para conectarse con este texto sagrado en todos los niveles: el texto original en arameo para el 'escaneo', la traducción al inglés y los comentarios claros y concisos para su estudio y aprendizaje.

Además, el Centro de Kabbalah se ha embarcado en la tarea de traducir el *Zóhar* al español. En este momento hay varios volúmenes disponibles y estamos en el proceso de traducirlo en su totalidad.

El Centro de Kabbalah

¿Qué es el Centro de Kabbalah?

El Centro de Kabbalah es una organización espiritual dedicada a traer la sabiduría de la Kabbalah al mundo. El Centro de Kabbalah ha existido como tal desde hace más de 80 años, pero su linaje espiritual se extiende hasta Rav Isaac Luria en el siglo XVI y más atrás, hasta Rav Shimón bar Yojái, quien reveló el Zóhar, el texto principal de la Kabbalah, hace más de 2.000 años.

El Centro de Kabbalah fue fundado en 1922 por Rav Yehudá Áshlag, uno de los más grandes Kabbalistas del siglo XX. Cuando Rav Áshlag dejó este mundo, el liderazgo del Centro fue asumido por Rav Yehudá Brandwein. Antes de su fallecimiento, Rav Brandwein designó a Rav Berg como director del Centro de Kabbalah. Durante más de 30 años, El Centro de Kabbalah ha estado bajo la dirección del Rav Berg, su mujer Karen Berg y sus hijos, Yehudá Berg y Michael Berg.

Aunque hay muchos estudios de Kabbalah, El Centro de Kabbalah no enseña Kabbalah como una disciplina académica, sino como una forma de crear una vida mejor. La misión de El Centro de Kabbalah es hacer que las herramientas prácticas y las enseñanzas espirituales de la Kabbalah estén disponibles para todo el mundo.

El Centro de Kabbalah no hace ninguna promesa. Pero si las personas están dispuestas a trabajar duro y a convertirse activamente en individuos tolerantes que comparten y se ocupan de los demás, la Kabbalah afirma que experimentarán una plenitud y una felicidad desconocidas para ellos hasta ahora. Sin embargo, esta sensación de plenitud aparece de forma gradual y es el resultado del trabajo espiritual del estudiante.

Nuestro objetivo final es que toda la humanidad obtenga la felicidad y la plenitud que son su verdadero destino.

La Kabbalah enseña a sus estudiantes a cuestionarse y a poner a prueba todo lo que aprenden. Una de las enseñanzas más importantes de la Kabbalah es que no hay coerción en la espiritualidad.

¿Qué ofrece El Centro de Kabbalah?

Los Centros de Kabbalah locales de todo el mundo ofrecen charlas, clases, grupos de estudio, celebraciones de festividades y servicios, además de una comunidad de profesores y compañeros estudiantes. Para encontrar tu Centro más cercano, visita www.kabbalah.com/espanol.

Para aquellos de ustedes que no puedan acceder a un Centro de Kabbalah físico debido a restricciones geográficas o de tiempo, les ofrecemos otras formas de participar en la comunidad del Centro de Kabbalah.

En www.kabbalah.com/espanol te ofrecemos blogs, boletines, sabiduría semanal, tienda online y mucho más.

Es una forma estupenda de estar informado y en contacto, además de brindarte acceso a programas que expandirán tu mente y te retarán a continuar tu trabajo espiritual.

Ayuda al estudiante

El Centro de Kabbalah da poder a las personas para que asuman la responsabilidad de sus propias vidas. Se trata de las enseñanzas, no de los profesores. Pero en tu viaje hacia el crecimiento personal, las cosas pueden ser confusas y a veces difíciles, y por eso resulta de gran ayuda tener un profesor. Simplemente llama al número gratuito 1-800-kabbalah si llamas desde los Estados Unidos.

Si te encuentras fuera de los Estados Unidos, puedes llamar a
nuestros números de acceso gratuitos en español, en los cuales
serás atendido por instructores hispano parlantes:

PAÍS	NÚMERO
Argentina	0800 333 0393
Bolivia	800 10 0345
Brasil	0800 761 2954
Chile	800 730 044
Colombia	01 800 700 1634
Costa Rica	0800 054 2022
Ecuador	01 800 1010 85
El Salvador	800 0000 0014
España	800 099 993
México	01 800 800 1685
Panamá	00800 054 1126
Perú	0800 521 99
Puerto Rico	1866 411 2024
Uruguay	0004054 347
Venezuela	0800 100 5629
Islas Vírgenes	1866 411 2024

Todos los instructores de Ayuda al estudiante han estudiado la
Kabbalah bajo la supervisión directa del Rav Berg, am-pliamente
reconocido como el kabbalista más relevante de nuestros
tiempos.

También te ofrecemos la oportunidad de que interactúes con
otros estudiantes de Ayuda al estudiante a través de grupos de
estudio, conexiones mensuales, retiros de festividades y otros
eventos que se llevan a cabo por todo el país.

We dedicate this to the Rav and Karen for sharing the wisdom of Kabbalah with the world. To our teachers whose self-less acts of love push us to be the best that we can be without ego. To our parents, whose unconditional love and commitment to humanity know no boundaries.

May we all rise above the deep connection to the Tree of Knowledge of Good and Evil and connect with the Tree of Life Reality, that place where we are all one soul. May we reach that point in our lives where we realize that only with the help of the light can we accomplish anything and everything. May we all practice true restriction, where we have the strength to delay the end result and ask for uncomfortable situations, the challenges, the obstacles and confrontations in order to achieve true spiritual transformation. May the world only know unconditional love for no reason to bring Mashiach now!

God bless you all and may the light of the *Zohar* illuminate all of our lives forever!

The Schile-Morales Family

* * * *

Nosotros dedicamos esto al Rav y a Karen por compartir la sabiduría de la Kabbalah con el mundo. Para nuestros maestros que con sus actos de amor nos empujan a ser lo mejor que podemos ser sin ego alguno. A nuestros padres, quienes en amor incondicional y compromiso con la humanidad no conocen límites.

Que nos podamos elevar por encima de la profunda conexión al Árbol del Conocimiento del Bien y del Mal y nos conectemos a la realidad del Árbol de la Vida, ese lugar donde todos somos una misma alma. Que lleguemos al punto en nuestras vidas donde nos demos cuenta que sólo con la ayuda de la Luz podemos lograr cualquier cosa y toda cosa. Que practiquemos verdadera restricción, donde tenemos la fuerza para atrasar el resultado final y pedir por situaciones inconfortables, los retos, los obstaculos y confrontaciones para lograr una verdadera transformacion espiritual. ¡Que el mundo conozca únicamente el amor incondicional para traer al Mesías ahora!

¡Que Dios los bendiga y que la Luz de *Zóhar* illumine todas nuestras vidas para siempre!

Familia Schile-Morales